清學集林

詩經小學二種

（下）

蔣鵬翔 沈楠 編

〔清〕段玉裁 撰

廣西師範大學出版社
GUANGXI NORMAL UNIVERSITY PRESS
·桂林·

詩經小學卷二十一

金壇段玉裁撰

甫田之什

甫田四章章十句

倬彼甫田

釋文倬韓詩作菿（箌誤）云菿卓也　爾雅菿大也　說文菿艸大也（俗本誤作艸木倒）从艸到聲　玉裁按韓詩菿彼甫田詩釋文及爾雅疏引之俗本爾雅菿誤作[illegible]又誤作箌俗本說文又譌作[illegible]

耘

說文䅳除苗閒穢也或从芸作耘

耔

說文作秄

黍稷薿薿

漢書食貨志黍稷儗儗　說文引詩黍稷薿薿

以我齊明

說文齍黍稷在器以祀者五經文字齍或作粢同禮記及諸經皆借齊字爲之　玉裁按此詩釋文云本又作齍是正字

田畯至喜攘其左右

鄭箋喜當爲饎攘當爲饟

大田四章二章章八句二章章九句

覃耜

張衡東京賦作剡耜說文剡銳利也亦是假借覃爲

剡

俶載南畝

鄭箋俶讀爲熾載讀爲菑栗之菑民以利耜熾菑發

所受之地　玉裁按管子春有以剚耕夏有以剚耘

剚菑同也

穮

說文曰禾粟之莠作采誤生而不成者謂之蕫作董誤蓈

或作稂

螟螣蟊賊

釋文螣字亦作蚮說文作蟘蟊本又作蛑　說文蟘

蟲食苗葉者吏乞貸則生蟘从虫从貸貸亦聲詩曰

去其螟蟘　爾雅食苗心螟食葉蟘食節蠈食根蟊

釋文蚮又作蟘蠈本今作賊蟊本亦作蛑說文作蟊

玉裁按螣本螣蛇字在弟十六部借爲弟一部螟蟘

之蟘此異部假借猶登來之爲得來也說文蟊䖶蟊

也从虫矛聲蟊蟲食草根者从蟲象其形吏抵冒

取民財則生徐鍇曰此字象形不從矛書者多誤
五經文字作蟦今本說文作蟦誤也
秉畀炎火
釋文韓詩秉作卜卜報也　玉裁按卜畀猶俗言付
與也爾雅卜予也
有渰淒淒興雲祁祁
釋文曰渰漢書作黤　呂氏春秋有晻淒淒　說文
淒雲雨起也从水妻聲詩曰有渰淒淒　玉篇淒寒
風雨極也渰雲雨皃詩云有渰淒淒　廣韵渰雲雨
皃詩云有渰淒淒　毛傳渰陰雲皃淒淒雲行皃祁

祁徐也　玉裁按毛傳不言雨徐也可證祁祁言雲
呂氏春秋興雲祁祁　漢書食貨志有渰凄凄興
雲祁祁雨我公田遂及我私　顏氏家訓曰有渰萋
萋興雨祁祁毛傳云渰陰雲皃萋萋雲行皃祁祁徐
皃也箋云古者陰陽和風雨時其來祁祁然不暴疾
也案渰已是陰雲何勞復云興雲祁祁耶雲當爲雨
俗寫誤耳班固靈臺賦云三光宣精五行布序習習
祥風祁祁甘雨此其證也　釋文興雨如字本或作
興雲非也　正義經興雨或作興雲誤也定本作興
雨　丹鉛錄曰漢無極山碑興雲祁祁雨我公田王

介甫有雲之祁祁詩　明馬應龍孫開校刻毛詩鄭箋本作興雲祁祁　玉裁按詩人體物之工於此二句可見凡夏雨時行始暴而後徐其始陰气乍合黑雲如鬊淒風怒生衝波掃葉所謂有渰淒淒也繼焉暴風稍定白雲漫汗彌布宇宙雨脚如繩所謂興雲祁祁雨我公田也有渰淒淒言雲而風在其中興雲祁祁言雲而雨在其中雨字分上去聲後儒俗說古無是也上句言興雨而下句言雨我公田則無味矣且古人雨不言興如雲行雨施天降時雨山川出雲油然作雲霈然下雨浡渠降雨荷鍤成雲易曰雲上

於天傳曰著於上見於下謂之雨素問曰地气上爲雲天气下爲雨鵩鳥賦曰雲蒸雨降凡雨言降凡雲言升顏氏云興雨殊昧於古人文義攷漢無極山碑興雲祁祁雨我公田呂氏春秋漢書食貨志皆引詩興雲祁祁韓奕曰祁祁如雲宋王安后有雲之祁祁詩詩采蘩七月出車韓奕言祁祁皆是衆盛舒徐之義祁祁可以言雲不可言雨陸德明孔沖遠惑於顏氏之說又有渰淒淒譌爲萋萋而詩人立言摹繪之次弟盡隱矣英英白雲露彼菅茅興雲祁祁雨我公田其句法字法正同雨我之雨必讀去聲則露彼之

露又將讀何聲耶於此知善善惡惡之類皆俗儒分
别而戾於古矣

伊寡婦

依鄭氏箋例求之此伊亦當作繄繄是也

田畯至喜

鄭箋云喜讀爲饎

裳裳者華四章章六句

裳裳者華

鄭箋裳裳猶堂堂也

左之左之君子宜之右之右之君子有之

東原先生嘗云當作右之左之左之右之今按先生集內敘劒篇引詩正如此

桑扈四章章四句

樂胥

鄭箋胥有才知之名　玉裁按周官胥十有二人注云胥讀爲諝謂其有才知爲什長此詩亦讀爲諝也

說文曰諝知也易歸妹以須之須鄭亦讀爲諝

受福不那

說文𩪏字注讀若詩求福不儺

兕觵其觩

說文觓角皃从角丩聲詩曰兕觵其觓

頍弁三章章十二句

實維

此三章實字讀皆當爲寔箋云實猶是也正讀實爲寔也小星箋寔是也韓奕則先易其字云實當爲寔而後云寔是也此不云實當爲寔而云猶是也其理一也

先集維霰

說文霰稷雪也或作霓　爾雅雨霓爲霄雪郭注詩曰如彼雨雪先集維霓霓冰雪襍下者謂之霄雪釋

文霓本或作霰霹同

樂酒今夕

大招以娛昔只王逸注昔夜也詩云樂酒今昔言可以終夜自娛樂也　玉裁按春秋夜恆星不見穀梁夜作昔日入至於星出謂之昔昔者夕之假借字夕莫也从月半見夜與夕異時夜中星隕如雨之夜穀梁亦作夜不作昔王逸云昔夜也未為明審

車舝五章章六句

高山仰止

說文卬望欲有所庶及也从匕从卩詩曰高山卬止

禮記表記釋文仰止本或作仰之行止詩作行之以慰我心

釋文慰怨也於願反王申爲怨恨之義韓詩作以愠我心愠恚也本或作慰安也是馬融義馬昭張融論之詳矣　正義曰傳以慰爲安箋言慰除以憂除則心安非是異於傳也孫毓載毛傳云慰怨也王肅云新昏謂褒姒也大夫不遇賢女而後徒見褒姒讒巧嫉妒故其心怨恨徧檢今本皆爲慰安凱風爲安此當與之同矣此詩五章皆思賢女無緣末句獨見褒姒爲恨肅之所言非傳旨矣定本慰安也

青蠅三章章四句

營營青蠅

說文謍小聲从言熒省聲詩曰謍謍青蠅

止于樊

說文棥藩也从爻从林詩曰營營青蠅止于棥　史記滑稽傳營營青蠅止于藩愷悌君子無聽讒言讒言罔極交亂四國

榛

說文作亲　蜀都賦作樼

賓之初筵五章章十四句

殽核維旅

班固典引肴覈仁義蔡注肴覈食也肉曰肴骨曰覈

詩云肴覈惟旅（鄭箋不同） 蜀都賦肴槅四陳

的

說文的明也易曰爲的顙 廣韵曰的說文作的

賓載手仇

鄭箋仇讀曰𣂪

僊僊

劉逵蜀都賦注引詩屢舞躚躚

威儀怭怭

說文佖威儀也从人必聲詩曰威儀佖佖

側弁之俄

說文俄弁頃皃詩曰仄弁之俄　廣韵上聲三十三

哿類側弁也

式勿從謂

鄭箋式讀曰慝

匪由勿語

玩鄭箋則匪字本作勿後人妄改勿由爲匪由與上

匪言勿言成偶句耳鄭箋云勿猶無也此總釋勿從

謂勿言勿由勿語四勿字又云俾使由從也武公見

時人多説醉者之狀或以取怨致讎故爲設禁醉者有過惡女無就而謂之也當防護之無使顛仆至於怠慢也其所陳說非所當說無爲人說之也亦無從而行之也亦無以語人也皆爲其聞之將恚怒也匪由之本爲勿由顯然下由醉之言箋云女從行醉者之言使女出無角之羖芉尤可證兩由字無二義相承反覆戒之古文奇奧非可妄改所當更正也

詩經小學卷二十一

詩經小學卷二十二

金壇段玉裁撰

魚藻之什

魚藻三章章四句

有頒其首

說文引同而尙書用宏茲賁正義曰傳云宏賁皆大也釋詁文樊光引周禮其聲大而宏引詩有賁其首樊所引葢三家詩與

有莘其尾

廣韵⿰魚莘魚尾長也詩曰有莘其尾字書作⿰魚莘

采菽五章章八句

衺

爾雅釋文衺从衣㕣聲

觱沸

說文沸字注畢沸濫泉　廣韵滭沸泉出皃亦作觱見詩俗作㵒　玉裁按司馬相如上林賦作滭沸史記作滭浡說文當有滭字今佚

檻泉

爾雅濫泉正出正出涌出也　說文濫字注氾也詩曰觱沸濫泉

其旂淠淠鸞聲嘒嘒

泮水其旂茷茷鸞聲噦噦

平平左右

左氏傳襄十一年引詩曰樂只君子殿天子之邦樂只君子福祿攸同便蕃左右亦是率從　釋文韓詩作便便

天子葵之

郭注爾雅引詩天子揆之　玉裁按爾雅葵揆也郭注正引詩天子葵之今本作天子揆之誤也

福祿膍之

韓詩福祿肶之　說文膍或作肶

角弓八章章四句

騂騂角弓

說文觲用角低仰便也从羊牛角詩曰觲觲角弓

釋文曰說文作弲玉裁按葢唐時說文弲字注內引

弲弲角弓今本佚也

民胥傚矣

左氏傳昭六年引詩民胥效矣　說文無傚字

如食宜饇

釋文宜本作儀注同韓詩云儀我也

見晛曰消

韓詩曣晛聿消　晛詩本音誤作睍　釋文見晛韓詩作曣曣見云日出也　玉裁按說文曣姓無雲也晛日見也劉向上災異封事引詩雨雪麃麃見晛聿消師古注曰見無雲也晛日气也言雨雪之盛麃麃然至於無雲日气始出而雨雪皆消釋矣見字不得訓爲無雲依顔注則劉向引詩經文見字作曣正同韓詩師古時不誤後人妄改作見耳韓詩云曣晛日出也與說文晛日見也正同釋文當是作曣晛今云作曣見脫日旁傳寫誤也王伯厚詩攷引釋文正作曣

晛　又按荀卿非相引詩作宴然聿消楊倞云宴然當依詩作見晛聲之誤也倞說非也宴然當作晏曣轉寫之譌省耳晏同曣曣同晛荀卿同韓詩也廣雅釋詁三曰曣曣煗也玉篇廣韵皆云晛曣二形同俗本荀子依詩改見晛而删注宋本不誤　釋文曰韓詩作聿劉向同

莫肯下遺

鄭箋遺讀曰隨

婁

鄭箋婁斂也徐云鄭音樓爾雅裒鳩摟聚也　荀子

作屢

髦

正義曰尚書庸蜀羌髳彼髳此髦音義同也

菀柳三章章六句

上帝甚蹈

鄭箋蹈讀曰悼　玉裁按檜傳悼動也此傳蹈動也

則是一字鄭是申傳非易傳也　戰國策詩曰上天

甚神無自瘵也

無自瘵焉

鄭箋瘵接也以爲際字假借

都人士五章章六句

彼都人士首章

鄭注禮記緇衣篇云此詩毛氏有之三家則亾孔穎達曰左氏傳引行歸于周萬民所望服虔曰逸詩也都人士首章有之鄭注禮記亦云毛氏有之三家則亾今韓詩實無此首章時三家列於學官毛氏不得立故服以爲逸

謂之尹吉

鄭箋吉讀爲姞尹氏姞氏周室昏姻之舊姓也

垂帶而厲

鄭箋而如也而厲如鞶厲也鞶必垂厲以爲飾厲當作裂　內則鄭注鞶小囊盛帨巾者男用韋女用繒有飾緣之則鞶裂與詩云垂帶如厲紀子帛名裂繻字雖今異意實同也孔沖遠曰桓二年左傳作鞶厲此云鞶裂袛謂鞶囊裂帛爲之飾故引詩垂帶如厲以厲爲裂又引紀子帛名裂繻以證之

采綠四章章四句

終朝采綠
見淇奧
不盈一匊

顧氏誤分匑爲蕭尤之類曰爲魚模之類謂白華本作曰後人以其形近井曰之曰改爲匑其說非是也
薄言觀者
韓詩觀作覩釋文
隰桑四章章四句
遐不謂矣
禮記表記篇引詩瑕不謂矣
中心藏之
鄭箋臧善也
白華八章章四句

英英白雲

潘岳射雉賦曰天泱泱而垂雲徐爰注曰泱音英李善注曰毛詩英英白雲毛萇曰英英白雲皃泱與英古字通　釋文曰韓詩作泱泱　廣韵十陽霙霙霙白雲皃　玉篇雨部霙於黨於良二切霙霙白雲皃霙於京切雨雪襍下

滮池北流

說文滮水流皃从水彪省聲　廣韵滮亦作淲

鼓鍾于宮

鄭箋云鳴鼓鍾謂鼓鍾二物也靈臺於論鼓鍾鄭云

鼓與鐘也此詩正同正義云鼓擊其鐘誤
視我邁邁
說文忕恨怒也詩曰視我忕忕　釋文曰韓詩視我
忕忕　玉裁按詩本音誤於念子懆懆之下注云韓
詩及說文竝作忕忕
俾我疷兮
顧亭林曰作疷誤
瓠葉四章章四句
有兔斯首
鄭箋斯白也今俗語斯白之字作鮮齊魯之閒聲近

斯　漸漸之石三章章六句

勞矣

鄭箋云勞勞廣闊正義曰當作遼而作勞者以古之字少多相假借音既相近故遂用之

不皇朝矣

鄭箋云皇王也　詩本音曰今本作遑依唐石經及國子監注疏本改正下章同

維其卒矣

鄭箋卒者崔嵬也謂山巔之末也　玉裁按毛傳卒

竟也鄭意作崒

蹢

爾雅豕四蹢皆白豥蹢蹏也猶馬四蹢皆白首也或作四豴皆白豥誤張參收豴字入五經文字是不精也

俾滂沱矣

史記仲尼弟子傳俾滂池矣　困學紀聞曰周子醇樂府拾遺云孔子刪詩有全篇刪者有刪二句一句者刪二句者如月離于畢俾滂沱矣月離于箕風揚沙矣是也愚攷之周禮疏引春秋緯云月離于箕風

揚沙非詩也　玉裁按僞魯詩又因此二句臆製一章不待識者乃知其僞矣

何草不黃四章章四句

何人不矜

說詩者多讀爲鰥　玉裁按鴻雁毛傳云矜憐也菀柳毛傳云矜危也何人不矜言夫人而危困可憐不必讀爲鰥詩敝笱鰥與雲韵在弟十三部菀柳矜與天臻韵何草不黃與玄民韵桑柔與旬民塡天韵在弟十二部漢人十二十三部合用多借矜爲鰥寡字而書堯典康誥無逸甫刑詩鴻雁孟子明堂章皆作

鱞不假借矜字惟烝民作不侮矜寡則漢後所改而左傳昭元年引不侮鱞寡不畏彊禦固作鱞何人不矜當從本字非鱞之假借字也

詩經小學卷二十二

詩經小學卷二十三

金壇段玉裁撰

大雅

文王之什

文王七章章八句

亹亹

或因說文無亹字欲盡改詩易禮記爾雅亹亹爲娓娓者誤

陳錫哉周

左氏傳宣十五年引詩陳錫載周　外傳芮良夫引

大雅陳錫載周韋注載成周道 東原先生作栽爲

本支二字張本

祼

攷工記注或作淉或作果

哷

五經文字曰字林作𡬶經典相承隸省作尋

宜鑒于殷駿命不易

禮記大學篇引詩儀監于殷峻命不易 說文陖高

也亦作峻

上天之載

楊雄郊祀賦上天之縡李善注縡事也與毛詩上天之載同　玉裁按說文無縡字

萬邦作孚

禮記緇衣篇引詩萬國作孚

大明八章四章章六句四章章八句

天難忱斯

說文諶誠諦也从言甚聲詩曰天難諶斯　春秋繁露亦引天難諶斯不易維王

摯仲氏任

毛傳摯國任姓之中女也又曰大任中任也　玉裁

按毛經傳皆作中古中仲通用如中興爲仲興是也今經文譌作仲

在洽之陽

說文郃左馮翊郃陽縣从邑合聲詩曰在郃之陽史記正義引列女傳在郃之陽在渭之涘　水經注河水篇引在郃之陽在渭之涘　漢書地里志左馮翊郃陽應劭曰在郃水之陽也師古曰音合郃大雅大明之詩所謂在郃之陽

俔天之妹

釋文曰韓詩磬天之妹　正義曰此俔字韓詩作磬

說文俔諭也今俗語譬諭物云磬作

造舟

爾雅釋文曰廣雅作艁案說文艁古文造也

莘

廣韻曰有㜪國名

其會如林

說文旝建大木置石其上發以機以追敵也春秋傳曰旝動而鼓詩曰其旝如林

牧野

正義牧誓云至於商郊牧野乃誓書序注云牧野紂

南郊地名禮記及詩作坶野古字耳今本又不同
尙書大傳牧作坶　說文坶朝歌南七十里地周書
武王與紂戰于坶野从土母聲

鷹

說文雁鳥也籒文从鳥

涼彼

朱子曰漢書作亮　釋文曰韓詩作亮相也

會朝淸明

天問會鼂爭盟何踐吾期一作會晁請盟

緜九章章六句

自土沮漆

漢書地里志右扶風杜陽杜水南入渭詩曰自杜莽日通杜師古曰大雅緜之詩曰人之初生自土漆沮齊詩作自杜言公劉避狄而來居杜與漆沮之地按漢書景祐二年本有詩曰自杜四字王伯厚詩地理攷所引正如此師古謂之齊詩必漢書音義舊說古土杜通用如毛桑土韓桑杜是也　水經注漆水篇引民之初生自土漆沮　文選晉紀總論注曰鄭箋云循西水涯漆沮側也謂亶父避狄循漆沮之水而至岐下按古本皆作漆沮孔正義亦作漆沮

陶復陶穴

說文𥨍地室也从穴復聲詩曰陶𥨍陶穴　玉篇引

詩陶𥨍陶穴或作㙫亦作復

陶

說文曰匋瓦器也窯燒竈也

來朝走馬

玉篇趣字注曰詩曰來朝趣馬言早且疾也　玉裁

按鄭箋言其避惡早且疾也早釋來朝疾釋趣字說

文趣疾也玉篇作趣馬野王據漢人相傳古本也不

知何時誤爲走馬而程大昌顧炎武以爲單騎之始

趣音趨亦音促

滸

說文汻水厓也从水午聲

周原膴膴

劉逵魏都賦注腜腜美也詩曰周原腜腜　李善注引韓詩曰周原腜腜　廣雅釋言腜腜肥也據韓詩爲訓也

堇

說文堇艸根如薺葉如細柳蒸食之甘从艸堇聲

玉裁按今誤作堇詩本音亦誤　顏氏干祿字書誤

作堇

爰契我龜

王應麟曰契漢書注作挈

迺

顧亭林曰依唐石經並作迺公劉篇同　明馬應龍本乃召司空乃召司徒二作乃餘作迺　玉裁按說文迺乃異字異義俗云古今字

俾立室家

馬應龍本立作其俟攷

捄之陾陾

玉篇詩曰捄之陑陑　顧亭林曰說文引此作捄之仍仍攷說文引捄之陾陾無捄之仍仍顧氏誤也玉裁又按廣雅釋訓曰仍仍登登馮馮衆也卽謂此詩然則陾有作仍者說文作仍之本不誤今本說文皆據詩改耳

削屢馮馮

玉裁按屢古作婁婁空也削婁謂削治牆空竅坳突處使平長門賦離樓梧而相樘魯靈光殿賦嶔崟離樓說文廔屋麗廔也囧牕牖麗廔闓明也離樓麗廔皆竅穴穹通之皃

臯門有伉

鄭氏禮記注曰臯之言高也　釋文韓詩作閌　西京賦高門有閌善曰毛詩伉與閌同　吳都賦高闈有閌　說文阬字注閬也閬字注門高也五經文字曰阬門高廣韵四十二宕阬門也　玉裁按毛詩之伉古本作阬屈賦吾與君兮齊遨道帝之兮九阬九阬謂廣開天門有九重也

混夷駾矣

說文駾字注引昆夷駾矣孟子文王事昆夷　魯靈光殿賦盜賊奔突張載注云突唐突也詩云昆夷突

矣

維其喙矣

毛傳喙困也　方言⿸疒彖極也郭注巨畏反今江東呼極爲⿸疒彖倦聲之轉也　廣韵⿸疒彖困極也詩云昆夷⿸疒彖矣本亦作喙　方言⿰歹帚極也郭注今江東呼極爲⿰歹帚音喙外傳曰余病⿰歹帚矣　玉裁按國語郤獻子曰余病喙韋昭注短氣皃　爾雅呬息也　說文呬息也詩曰犬夷呬矣　玉裁按呬矣者喙矣之異文

疏附

尙書大傳文王胥附奔輳先後禦侮謂之四鄰　玉

裁按古疏胥通用

奔奏

釋文曰本又作走　尚書大傳作奔輳

曰

離騷忽奔走以先後兮王逸注引予聿有奔走予聿

有先後

棫樸五章章四句

追琢

趙岐孟子注彫琢治飾玉也詩云彫琢其章

其章

周禮追師注引詩追琢其璋　又周禮正義曰詩云追琢其璋璋是玉爲之則追與琢皆是治玉石之名也　玉篇引詩追琢其璋　依毛詩鄭箋則是章字

勉勉我王

劉向作亹亹　白虎通義引詩亹亹我王綱紀四方

旱麓六章章四句

旱麓

春秋外傳單穆公引詩瞻彼旱鹿宋明道二年本作旱麓　玉裁按春秋沙鹿崩穀梁傳曰林屬於山爲鹿易卽鹿無虞王弼以爲山足是古借鹿爲麓也

豈弟

單穆公引詩愷悌君子干祿愷悌

瑟彼玉瓚

說文璱玉英華相帶如瑟弦从玉瑟聲詩曰璱彼玉瓚

施于條枚

新序引延於條枚見後漢書黃琬傳注呂氏春秋引延於條枚韓詩外傳引延於條枚枚然則毛作施韓作延也

豈弟君子

禮記表記引凱弟君子求福不回　周語單襄公引

詩愷悌君子求福不回

思齊五章二章章六句三章章四句

神罔時恫

說文恫大皃詩云神罔時恫

烈假不瑕

鄭箋云厲假皆病也正義曰鄭讀烈假爲癘瘕　玉裁按仙人唐公房碑曰癘蠱不遐此與鄭箋合瘕之古音同蠱

古之人無斁

鄭箋古之人口無擇言身無擇行

皇矣八章章十二句

求民之莫

當作嗼

其政不獲

毛傳作政朱子從之唐石經依鄭箋作正

憎

朱子曰當作增

式郭

陸德明曰式郭一本作式廓

此維與宅

論衡引作此維與度

菑

爾雅立死菑釋文曰菑字林作椔郭注引詩其椔其翳詩釋文菑本又作甾

翳

釋文韓詩作殪菑反草也殪因也因高塡下也

栵

說文栵栝也詩曰其灌其栵　玉裁按栵當作櫔櫔木相磨也菑翳灌栵一例不應此獨爲木名爾雅立死菑蔽者翳木相磨櫔疑是類釋此詩而不言灌者巳

見上文矣

串夷

釋文曰串古患反一本作患　正義曰毛讀患爲串鄭以詩本爲患故不從耳采薇序曰西有混夷之患是患夷者患中國之夷故患夷則混夷也出車云薄伐西戎是混夷爲西戎西戎國名也書傳作畎夷蓋畎混聲相近後世而作字異耳或作犬夷犬則畎字之省也

天立厥妃

惠棟曰當作妃各本作配誤　玉裁按毛傳妃媲也

此詩正義引某氏注爾雅引詩天立厥妃是矣但謂
毛讀配爲妃故云媲也是未知經傳配字皆後人改
妃爲配耳
維此王季 四章首句
左傳昭廿八年成鱄引詩作維此文王孔沖遠正義
云韓詩及王肅述毛皆作文王　玉裁按左傳釋比
于文王之文曰經緯天地曰文毛傳引之謂比于古
者經緯天地文德之王也如成王不敢康非成王康
王之謂鄭箋云必比于文王者德以聖人爲匹是鄭
箋雖作維此王季而比于文王亦非以父同子言之

不順也惟樂記注此詩云言文王之德皆能如此而不引經緯天地曰文之訓則爲實指周文王然禮注言文王詩箋言王季說自不同注禮時所見詩亦是

作維此文王

貊其德音

釋文曰韓作莫　朱子曰春秋傳樂記史記樂書皆作莫

克順克比

樂記引詩克順克俾鄭注俾當爲比聲之誤也　史記樂書克順克俾俾於文王

無然畔援
玉篇詩云無然伴換伴換猶跋扈也　漢書曰項氏
叛換韋昭曰叛換跋扈也　魏都賦雲徹叛換　韓
詩叛援武強也
誕先登于岸
鄭箋岸訟也按鄭意作犴
斯怒
鄭箋斯盡也
以按徂旅
困學紀聞曰孟子引詩以遏徂莒韓非云文王克莒

以篤于周祜

孟子引詩以篤周祜無于字　今詩經俗本誤同孟子少于字顧亭林依唐石經及國子監注疏本改正

度其鮮原

毛傳小山別大山曰鮮　玉裁按公劉傳又云巘小山別於大山也是鮮爲巘之假借字猶獻羔王制作鮮羔　爾雅曰小山別大山鮮釋文曰或作巘　玉裁按左思吳都賦曰巘澗閴李善注引爾雅小山別大山曰巘巘古買切玉篇巘胡買切山不相連也附記之

同爾兄弟

顧亭林曰後漢書伏湛傳引同爾弟兄入韵　玉逸九辨注內念君父及弟兄也與上文長王煌黨竝湯韵今譌爲兄弟則非韵矣

與爾臨衝

韓詩與爾隆衝　玉裁按隆衝言陷陣之車隆然高大也毛傳以臨衝爲二非

衝

說文⿰車童陷陣車也从車童聲　李善文選注班固漢書述曰衝輣閑閑衝字略作⿰車童樓也

執訊連連

釋文云又作誶　玉裁按作誶者誤爾雅訊言也說文訊問也正月毛傳訊問也出車毛傳訊辭也采芑鄭箋執其可言問所獲敵人之衆皇矣鄭箋執所生得者而言問之以言辭問訓訊字與誶字告義迥別

馘

說文聝軍戰斷耳也或作馘

類禡

爾雅曰是禷是禡師祭也　五經文字曰五經及釋文皆作類惟爾雅從示　玉裁按說文作禷

仡仡

說文圪牆高皃詩曰崇墉圪圪从土气聲　張載靈光殿注曰屹猶嶭也高大皃詩云臨衝茀茀崇墉屹屹

靈臺五章章四句　此分章从毛鄭五章每章一韵孟子引詩全舉前三章外傳伍舉引詩全舉前二章也朱子集傳改爲四章前二章章六句乃言其所本

白鳥翯翯

孟子引詩白鳥鶴鶴　說文翯鳥之白也　玉裁按何晏景福殿賦翯翯白鳥　賈誼新書引詩作白鳥

皜皜

虡業維樅

說文虡鐘鼓之柎也飾爲猛獸从虍巽象其下足或作鐻篆文作虡　馬刻五經文字誤作虡　說文業大版也所以飾縣鐘鼓捷業如鋸齒以白畫之象其鉏鋙相承也詩曰巨業維樅　上林賦撞千石之鐘立萬石之鉅

辟廱

他經作辟雝

於論

漢以前論字皆讀爲倫中庸經論天下之大經易君

子以經論荀氏讀如倫

鼉

夏小正呂氏春秋皆作鱓

逢逢

釋文曰逢逢埤蒼云鼓聲也亦作韸　玉裁按廣雅

韸韸聲也　高誘淮南子注引詩鼉鼓洋洋洋者韸之誤

高誘呂氏春秋六月紀有始覽注引詩鼉鼓韸韸眾

經音義引郭璞山海經注詩云鼉鼓韸韸是也今山

海經注無此句

矇瞍奏公

文選連珠注引韓詩矇瞍奏功

下武六章章四句

順德

正義曰定本作愼德今按淮南繆稱訓引媢茲一人應侯愼德鄭箋引易升象詞君子以順德易釋文曰順又作愼古書愼順通用致多

昭茲來許繩其祖武

後漢書祭祀志注曰謝沈書云東平王蒼上言大雅云昭茲來御愼其祖武　玉裁按毛傳許進也許無進訓蔡邕獨斷云御進也六月傳云御進也據東平

王所引毛詩正作來御今作許蓋聲之誤孔沖遠未之攷也毛傳云繩戒也東平王作愼異字同義此爲轉注　凡經文有由傳注求之的可知其字當易正者如在彼空谷毛曰空大也正用釋詁穹大也之訓空乃譌字而韓詩在彼穹谷可證也或舂或揄毛曰揄抒臼也正同說文舀𦥷抗同抒臼也之訓揄乃譌字而周官儀禮注引或舂或抗可證也昭茲來許毛曰許進也正同六月傳御進也之訓許乃譌字而謝沈後漢書東平王蒼引昭茲來御可證也治經宜識此意　玉裁此書成後乃見惠定宇九經古義其說

正同今讀廣雅云許可進也本諸此傳然則作御者恐三家詩未可據以改毛詩也癸卯九月初六日識

文王有聲八章章五句

遹求厥寧

說文欥詮詞也从欠从曰曰亦聲詩曰欥求厥寧漢書敘傳幽通賦欥中龢爲庶幾兮文選作聿

作邑于豐

文選西征賦注引作邑于酆　說文酆周文王所都在京兆杜陵西南

築城伊淢

陸德明曰韓詩築城伊洫　玉裁按從韓詩則字義聲韵皆合矣史記河渠書溝洫字亦作淢

匪棘其欲遹追來孝

禮記禮器篇引詩匪革其猶聿追來孝鄭注禮記云聿述也　玉裁按古欥聿遹字通用

宅是鎬京

坊記篇引詩度是鎬京　玉裁按尚書凡宅字史記多作度

芑

或曰同藚水蔽也　玉裁按說文芺之美者昷夢之

⿱艹豈呂覽作菜之美者雲夢之芹郭忠恕佩觿曰李審言所進切韵芑切墟里祛豨二音芑切祛豨蓋以芑同⿱艹豈入尾韵也

孫謀

鄭箋以孫爲順

詩經小學卷二十三

詩經小學卷二十四

金壇段玉裁撰

生民之什

生民八章四章章十句四章章八句

姜嫄

玉裁按史記作姜原裴駰集解曰韓詩章句曰姜姓原字或曰姜原謚號也

履帝武敏

爾雅敏拇也　玉裁按敏者拇之假借字也古敏拇畮字同音皆在今之止韵故爾雅舍人本作履帝武

畝亦假借字也爾雅引履帝武敏於敏字斷句王逸離騷注引履帝武敏歆於歆字斷句　玉裁按毛傳敏疾也於敏字斷句爾雅鄭箋敏拇也於歆字斷句

后稷

毛傳后稷播百穀以利民韋昭注國語稷勤百穀而山死引毛詩傳曰稷周棄也勤播百穀死於黑水之山裴松之注杜畿傳又引韋注考山海經海內經西南黑水之閒有廣都之野后稷葬焉又曰后稷之葬山水環之毛傳與山海經合也當據韋注補毛傳之脫文

達

說文羍小羊也从羊大聲　玉裁按鄭箋易字爲羍似太媟矣本后稷之詩不宜若是毛傳云達生也是先生如生不可曉今以車攻傳達屨之義求之葢是達達生也達沓字古通用姜原首生后稷便如再生三生之易故足其義云先生姜原之子先生者也正如樵彼桑薪卬烘于煁傳云卬我也烘燎也煁烓竈也乃後足其義云桑薪宜以養人者也若依次訓釋則桑薪當在卬上先生當在達上

副

說文曰副籀文作疈壂裂也詩曰不壂不疈

實覃實訏

許叔重引實覃實吁

克岐克嶷

說文啜小兒有知也詩曰克岐克啜　張弨曰今作嶷後人因岐所改也

禾役穟穟

說文穎禾末也从禾頃聲詩曰禾穎穟穟

穟

說文穟禾采秀也或作蓫

瓜瓞唪唪

說文唪大笑也讀若詩曰瓜瓞菶菶　又玤石之次玉者讀若詩曰瓜瓞菶菶

茀厥豐草

釋文茀韓詩作拂

實種

毛傳種雍腫也今本譌作穠種　玉裁按當作雝種漢書所謂一畮三甽苗生三葉以上隤壟土以附苗根比盛暑壟盡而根深能風與旱也正義引莊子雝腫而不中繩墨擬不於倫且與實發相混

邰

漢書作斄

誕降嘉種

說文引詩誕降嘉穀惟秬惟秠天賜后稷之嘉穀也

虋赤苗嘉穀也芑白苗嘉穀也　文選典引李注引

毛詩誕降嘉穀惟秬惟秠

秬

山海經維宜芑苣穋楊是食郭注曰管子說地所宜

云其種穋芑黑黍皆禾類也苣黑黍今字作禾旁

說文䰯从鬯巨聲或作秬　玉裁按尚書大傳䰯鬯

維穈維芑

爾雅虋赤苗釋文曰本亦作亹詩作穈　說文虋赤苗嘉穀也从艸釁聲　玉裁按穈字說文所無於六書無當宜改從爾雅說文作虋

以歸肇祀

鄭箋肇郊之神位也是以肇爲兆之假借也　肈从戈肁聲今本作肇非也攷書肇十有二州肇基王迹及此以歸肇祀后稷肇祀陸氏釋文皆作肈玉篇攴部曰肇俗肈字干祿字書曰肇通肈正五經文字戈部曰肈作肇訛廣韵有肈無肇今本說文攴支部有肇

字唐後人妄增入無疑凡古書內擧字皆當改作擧

或舂或揄

說文舀抒臼也从爪臼詩曰或簸或舀或作𣫥或作

抌　玉裁按今注疏攷證引韓詩或舂或抌儀禮有

司徹鄭注挑讀如或舂或抌之抌女舂抌見周官經

注引或舂或抌其字从手冘聲冘古文亦作𡰥今在弟九

部古在弟三部說文當云或舂或舀而云或簸或舀

者記憶之誤也古生民作舀作抌而今本作揄者聲

之誤也鄭氏注三禮所引葢韓詩而許氏說文解字

序曰其偁易孟氏詩毛氏則毛詩故作舀也

或蹂
鄭箋蹂之言濡也潤溼之將復舂之趨于鑿也　玉裁按蹂濡音近而相假懷柔百神一作懷濡是也
釋之叟叟
唐石經誤作釋　說文釋漬米也从米睪聲　玉裁按亦曰淅米亦曰汏米詩本音及各本作釋誤　爾雅溞溞淅也郭注洮米聲　五經文字無釋字
烝之浮浮
爾雅烰烰蒸也釋文蒸本今作烝　說文烰烝也詩曰烝之烰烰

后稷肇祀

禮記表記篇引詩后稷兆祀周禮兆五帝於四郊此詩鄭箋云肇郊之神位也少當作兆三字說文作垗

行葦七章二章章六句五章章四句

敦彼行葦

李善長笛賦注引鄭箋團聚皃

維葉泥泥

張揖作苨苨云艸盛也釋文　玉裁按此卽廣雅苨苨茂也　李善蜀都賦注引毛詩維葉柅柅

肆筵設席

王逸招魂注引詩肆筵設机　玉裁按疑有誤

醓

說文作監醢从血肬聲

臄

說文谷口上阿也从口上仌象其理或作㖦或作臄

敦弓

說文弴畫弓也从弓𦎫聲　玉裁按敦讀如追不讀彫猶追琢其章不讀彫琢蒦釋爲雕不讀雕字此異部轉注之理也

敦弓既句

張衡東京賦彤弓斯彀

大斗

釋文斗亦作枓　楊慎曰當作𣂓　說文鋀酒器也

或作𣂓

耇

說文从老句聲隸省作耇

台背

爾雅鮐背壽也　張衡南都賦鮐背之叟　劉熙釋

名九十曰鮐背

旣醉八章章四句

朗

說文作脼

壼

說文作壼今俗作壺

鳧鷖五章章六句

在涇

玉裁按此篇涇沙渚潨亹一例不應涇獨爲水名鄭箋涇水中也今本誤作水名也按下文云水鳥而居水中是直援水中二字改作水名則不貫矣下章傳云沙水旁也箋云水鳥以居水中爲常今出在水旁

承上章在涇爲言爾雅云直波爲徑郭注言徑侹釋名水直波曰涇涇徑也言如道徑也莊子秋水篇涇流之大兩涘渚涘之閒不辨牛馬司馬彪云涇通也此詩涇字正合釋名莊子爾雅作徑作徑同耳謂大水中流徑直孤往之波故康成曰涇水中也因下章沙爲水旁故云水中以別之四章因三章渚爲水中高地故云潨水外高地以別之

在潨

鄭箋云水外之高者也葢以潨爲㴔之假借字也

公尸來止熏熏

說文醺醉也从酉熏聲詩曰公尸來燕醺醺

芬

說文芬从屮或从艸

假樂四章章六句

假樂君子

中庸篇引詩嘉樂君子　朱子曰春秋傳引詩亦作

嘉

假樂

毛傳假嘉也維天之命譙傳同假皆嘉之假借字也

顯顯令德

中庸篇引詩憲憲令德

保右命之

中庸篇保佑命之

且君且王

陸德明曰一本作宜君宜王　玉裁按趙壹窮鳥賦曰且公且侯子子孫孫正用假樂詩意作宜爲俗本也

威儀抑抑

說文趩字注引詩威儀秩秩葢誤合二句爲一句

民之攸塈

正義曰釋詁云呬息也某氏曰詩云民之攸呬郭璞曰今東齊呼息爲呬則塈與呬古今字也　玉裁按塈者字之假借非與呬古今字也　今本或誤作暨

顏眞卿書郭令公家廟碑民之攸𢜭字從心按𢜭是古文㤅字見說文心部玉篇云𢜭音許氣切息也則以同於呬眉字而非㤅字矣然唐人引詩已有如此者集韻八未云𢜭通作塈

公劉六章章十句　按此篇名公劉顧亭林音學五書誤以篤公劉三字爲篇名

迺

馬應龍本乃覯乃依乃造乃密作乃餘作迺

餱糧

釋文糧本亦作粮

思輯用光

孟子引詩思戢用光

戈

鄭箋云句孑戟也今本孑字譌孑字

無永嘆

毛傳曰民無長嘆猶文王之無侮也謂皇矣末章四

方以無侮也孔沖遠譌作無悔云即其德靡悔非是

且其德靡悔毛詩言王季非文王

何以舟之

玉裁按舟之言昭也以玉瑤昭其有美德以鞞琫昭其德之有度數以容刀昭其有武事

京師之野

毛傳云是京乃大衆所宜居之野今本譌作之也

既登乃依

釋文引鄭箋依或扆字今本佚此四字

于豳斯館

白虎通引于邠斯觀詩地里攷作觀今本白虎通妄改作館

鍜

釋文曰鍜本又作碫丁亂反說文云碫厲石字林大喚反今本說文譌作碫乎加反　玉裁按毛傳碫鍜石也鄭申之曰鍜石所以爲鍜質也經當作碫傳當作鍜石今本毛傳脫鍜字非毛云碫是鍜石說文云碫是厲石其說不同而毛爲是

寍

毛傳寍安也　玉裁按說文宓安也宓是正字寍是假借字寍山如堂者也宓从宀必聲今俗讀宓子賤之宓如伏者聲韵轉移正如苾芬孝祀韓詩作馥芬

也宓子賤之後爲漢伏生

芮鞫之卽

釋文芮本又作汭　周官經其川涇汭鄭注引詩汭阸之卽　爾雅厓內爲隩外爲鞫釋文云鞫字林作坈　漢書地里志右扶風汧縣芮水出西北東入涇詩芮阸雍州川也顏師古曰詩芮鞫之卽韓詩作芮阸言公劉止其軍旅欲使安靜乃就芮阸之閒耳

玉裁按詩箋芮之言內也周禮注及漢書皆以芮爲水名坈阸同鞫其假借字也

泂酌三章章五句　正義曰摯虞流外論云詩有九言者泂酌彼行潦挹彼注

玆是也徧檢諸本皆云泂酌三章章五句則
以爲二句也顏延之云詩體本無九言者將
由聲度闡緩不協金石
仲治之言未可據也

泂酌

毛傳泂遠也　玉裁按說文迥遠也知是假泂爲迥

餴

正義引說文饙一蒸米也餾飯气流也今本說文餴

滫飯也或作饙或作餴

豈弟君子

禮記孔子閒居篇引詩凱弟君子民之父母

卷阿十章六章章五句四章章六句

彌
說文作镾
似先公酋矣
爾雅郭注引詩嗣先公爾酋矣
酋
玉裁按當作遒說文遒迫也亦作遒
茀祿爾康矣
爾雅祓福也郭注引詩祓祿康矣　毛傳茀小也依
爾雅釋言當作芾芾小也甘棠傳云蔽芾小皃鄭箋
茀福也依爾雅則鄭以茀爲祓之假借

鳳皇

說文引鳳皇于飛翽翽其羽唐石經鳳皇鳴矣鳳皇于飛皆作皇　玉裁按爾雅鶠鳳其雌皇說文鶠鳥也其雌皇一曰鳳皇也顏元孫干祿字書曰皇鳳皇正字俗作凰廣韵曰鳳凰本作皇詩傳雄曰鳳雌曰皇凡古書皆作鳳皇絕無凰字凰字於六書無當攷楊雄蜀都賦有鸉字晉有鸉儀殿覗凰字爲雅

雝雝喈喈

爾雅噰噰喈喈民恊服也陸德明曰噰本或作雍又作廱　玉裁按說文邕四方有水自邕成池者雝雝

雝也雝天子饗飲辟廱也雝隸變爲雍借爲雍和雍
塞辟雍而辟廱本字亦借爲和義又别製噰𤮢等
字　漢蔡邕字伯喈是漢人作邕邕喈喈也雍和古
作邕和
民勞五章章十句
無縱詭隨
左傳昭二十年引詩無從詭隨
憯不畏明
說文曰部朁曾也从曰兓聲詩曰朁不畏明　玉裁
按詩胡憯莫懲憯莫懲嗟憯不知其故皆宜作朁同

音假借也說文憯痛也義別　左傳昭二十年引詩

憯不畏明

惛怓

說文作怋怓今本說文釋文皆有脫誤

是用大諫

左氏傳成公八年季孫行父引板詩猶之未遠是用

大簡　玉裁按大諫吳棫曰荀子左氏傳高堂隆傳

皆作簡

板八章章八句

上帝板板

爾雅版版僻也

下民卒癉

禮記緇衣篇引詩下民卒亶釋文曰本亦作癉鄭注

病也　爾雅癉病也郭注見詩

管管

爾雅痯痯瘐瘐病也郭注皆賢人失志無所依也

邢昺疏兼引靡聖管管

是用大諫

見前民勞詩

無然泄泄

說文口部呭多言也詩曰無然呭呭　言部詍多言也詩曰無然詍詍　爾雅憲憲泄泄制灋則也釋文曰泄本或作呭郭注佐興虐政設教令也　玉裁按今作洩洩唐時因廟諱改也張參五經文字絏字注曰絏本文從世緣廟諱偏旁今經典並准式例變據此則絏本作紲洩本作泄齥本作齛說文無洩絏齥字唐石經洩洩其羽桑者洩洩無然洩洩一不可從也

辭之輯矣

說文𠦃字注詞之𠦃矣从十咠聲

僚

顧亭林依唐石經作寮　左氏傳同官爲寮作寮

老夫灌灌

爾雅灌灌愮愮憂無告也釋文灌本或作懽　廣韵悹悹憂無告也詩傳云悹悹無所依　尚書大傳欒聽於怵攸鄭注引老夫嚾嚾小子蹻蹻見儀禮經傳通解

熇熇

爾雅謔謔謞謞崇讒慝也

無爲夸毗

爾雅夸毗體柔也釋文曰字書作舿䠐

民之方殿屎

爾雅殿屎呻也釋文曰或作敜㕧又作慇脲說文作唸𠳿　說文唸字注唸㕧呻也从口念聲詩曰民之方唸㕧㕧字注唸㕧呻也从口尸聲　五經文字曰說文作𠳿　廣韵三十二霰唸㕧呻也亦作⿰口殿㕧又作殿屎六脂㕧呻吟聲屎同㕧　玉篇⿰口殿同唸屎同㕧

民之多僻無自立辟

玉篇詩云民之多僻邪也　東京賦李善注引民之多僻　後漢書張衡傳思〈元〉賦覽蒸民之多僻兮畏立辟以危身注曰僻邪也辟法也詩曰人（唐時諱民字改爲人）

之多僻無自立辟　玉裁按毛傳辟灋也之上不言辟僻也葢漢時上字作僻下字作辟故鄭箋云民之行多爲邪僻乃汝君臣之過無自謂所建爲灋也各書徵引皆上字作僻下字作辟陸德明亦云多僻匹亦反邪也立辟婢亦反灋也自唐石經二字皆作辟而朱子併下字釋爲邪矣

敬天之渝無敢馳驅

後漢書楊秉上疏引詩敬天之威不敢驅馳

出王

毛傳王往以王爲往之假借也

詩經小學卷二十四

詩經小學卷二十五

金壇段玉裁撰

蕩之什

蕩八章章八句

蕩蕩

爾雅蕩蕩僻也釋文曰本或作盪

其命匪諶

說文忱誠也詩曰天命匪忱

天降慆德

顧亭林詩本音曰唐石經作滔嚴氏詩緝引李氏曰

如滔天之滔今本作慆　明馬應龍孫開校刻毛詩鄭箋本作滔

俟作

朱子曰作讀爲詛玉裁按陸德明曰作本或作詛孔穎達曰作即古詛字皆非也毛傳作祝詛也四字一句言侯作侯祝者謂作祝詛之事也詛是祝之類故兼云詛經文三字不成句故作字之下益侯字以成之詩中如此句法不可枚數如迺埸迺疆迺止鄭箋云乃安隱其居迺宣迺畝鄭箋云時耕曰宣乃時耕其田畝爰始爰謀鄭箋云於是始與豳人之從巳者謀亦

可證矣陸孔以毛傳作字爲逗祝詛也爲句甚矣離經之難也陸云作本或作詛此臆改經文俗本也

炰烋

魏都賦作咆烋劉注引詩咆烋於中國　玉裁按炰烋之言狍鴞也山海經曰鉤吾之山有獸焉名曰狍鴞是食人郭璞云爲物貪惏象在夏鼎左傳所謂饕餮是也

㚖

說文作奰从三大三目今詩作㚖者隸省也或从三四从大則非矣張衡左思賦內贔屓之贔卽奰之譌

正義引張衡賦巨靈贔屭以流河曲贔屭皆誤字說文作屓

在夏后之世

周語大子晉引詩殷鑒不遠近在夏后之世宋明道二年刊本無近字

抑十二章三章章八句九章章十句

抑抑

楚語曰昔衛武公年九十有五矣猶箴儆於國曰自卿以下至於師長士苟在朝者無謂我老耄而捨我於是乎作懿戒以自儆韋昭云昭謂懿詩大雅抑之篇也懿讀之曰抑

惟德之隅

漢酸棗令劉融碑養以之福惟德之偶養以之福可證今俗本左傳之誤

有覺德行

禮記緇衣篇引詩有梏德行四國順之

女雖湛樂從

唐石經樂從二字間旁添一克字

如彼泉流

顧亭林詩本音曰今本誤作流泉依唐石經及國子監注疏本改正

逷

說文逖遠也古文作逷

白圭之玷

說文㓠缺也从刀占聲詩曰白圭之㓠

無言不讎

鄭箋作售　玉裁按當作左氏傳憂必讎焉之讎

屋漏

鄭云屋小帳也據此當作幄說文無幄字

不愆于儀

禮記緇衣篇引詩淑慎爾止不諐于儀　玉裁按說

文曰愆或作𢙣从寒省籒文作𠑷　左傳襄三十年引詩淑愼爾止無載爾僞杜預以爲逸詩然則非此詩之異文也

虹

王逢曰虹與訌同　抑召旻傳同云潰也

告之話言

陸德明曰話說文作話話故言也玉裁按毛傳古之善言也以古釋詁於同音求之今說文詩曰話訓四字當作詩曰告之話言上六字話字注內詩曰告之話言當作詩曰愼爾出話毛詩告之話言是話言之譌

我心慘慘

見采芑

諄諄

爾雅夢夢訰訰亂也　中庸篇肫肫其仁鄭注讀如誨爾忳忳之忳忳　尚書大傳鄭注謂若誨爾純純聽我眊眊之類

藐藐

爾雅懪懪邈邈悶也　尚書大傳注作眊眊

耄

說文作𦒱

曰喪厥國

釋文韓詩作聿喪

桑柔十六章八章章八句八章章十六句

爐

說文作𤎼

國步斯頻

說文矉恨張目也詩曰國步斯矉

秉心無競

韵補競其亮切開元五經文字讀僵去聲詩秉心無

倞無倞維人今作競

逢天僤怒

陸德明曰僤本亦作亶

莽云不逮

莽蓋荓字之假借

好是家嗇力民代食家嗇維寶

釋文曰家王申毛作稼鄭作家穡本亦作嗇王申毛作穡鄭作嗇鄭二字皆無禾下稼穡卒痒始從禾玉裁按鄭不云稼穡當作家嗇則毛公本作家嗇也毛注代食云無功者食天祿也鄭申其意而王肅所見之本誤衍一代字云代無功者食天祿也因曲爲之

說曰有功者代無功者食祿且改家嗇字從禾而不
知代無功食天祿語冣無理豈毛公而爲之乎
民人所瞻
漢潘乾碑永世支百民人所彰
朋友巳譖
玉裁按鄭箋云譖不信也則當作僭
大風有隧
爾雅西風謂之泰風郭注引詩泰風有隧
反予來赫
毛傳作𧹞鄭箋作嚇　釋文曰赫亦作嚇　文選注

引鄭箋口拒人曰嚇

職涼善背

毛傳涼薄也鄭箋作諒信也

涼曰不可

詩本音曰唐石經作諒與上章異　玉裁按上章職涼音義云毛音良薄也鄭音亮信也下同所云下同者卽此涼曰之涼是陸本皆作涼也孔沖遠職涼正義云毛以爲下民之爲此無中和之行主爲偷薄之俗涼曰不可正義云我以信言諫王曰汝所行者於理不可鄭同是孔本上章作涼此章作諒上章鄭易

涼爲諒而此章毛本作諒非關鄭易也唐石經上作
涼此作諒葢從孔本然由文義求之恐孔未得毛意

雲漢八章章十句

蘊隆蟲蟲

韓詩鬱隆烔烔見釋文　字林熱氣烔烔見廣韵

蟲蟲

爾雅爞爞炎炎熏也

后稷不克

鄭箋云克當作刻刻識也

秏

說文有秏無耗玉篇秏減也敗也引詩秏斁下土盧
韵秏俗作耗

斁

釋文曰說文字林皆作殬玉裁按鄭箋斁敗也說文
殬敗也引商書彝倫攸殬與厭斁字别

寧丁我躬

東原先生曰寧之言乃也

于摧

鄭箋摧當作嗺嗺嗟也

滌滌山川

說文蔋艸旱盡也从艸俶聲詩曰蔋蔋山川　玉篇詩云旱既太甚蔋蔋山川蔋蔋旱气也本亦作滌
廣韻蔋草木旱死也

旱魃

玉篇引曹憲文字指歸曰女妭禿髮所居之處天不雨也廣韻同

如惔如焚

後漢書章帝紀今時復旱如炎如焚章懷注引韓詩旱魃爲虐如炎如焚玉裁按韓詩作炎爲善毛云炎燎也說文云炎燎也蓋毛公亦作炎也上文赫赫炎

炎本或作惔是其明證

如焚

釋文曰本亦作燓

遯

釋文曰本亦作遂　玉裁按周易遯卦康成作遂

則不我虞

玉裁按虞娛同字之假借也詩序云以禮自虞樂

敬恭明祀

釋文曰本或作明神　玉裁按文選陸士衡答張士

然詩駕言巡明祀李善注引毛詩敬恭明祀又按衞

覲西岳華山亭碑敬恭明祀以奉皇靈則明祀爲古
本
散無友紀
朱子詩傳云或曰友疑作有
靡人不周
鄭箋周當作賙
云如何里
鄭箋悝憂也　釋文曰里本作瘦　爾雅瘦病也郭
注見詩　朱子曰與漢書無俚之俚同
有嘒其星

　九

說文譏聲也詩曰有譏其聲　玉裁按如史所云赤氣亙天砰隱有聲之類也今作有嘒其星殆非

崧高八章章八句

崧

亦作嵩韋昭國語注云古通用崇字　禮記孔子閒居篇引詩嵩高惟嶽　玉裁按漢碑如山如岳嵩如不傾言崇而不傾也如江如河澹如不盈言贍而不盈也

駿極于天

中庸篇峻極于天　孔子閒居篇引詩峻極于天

甫

孔穎達曰詩及禮記作甫尙書與外傳作吕

維周之翰

宋本禮記正義惟周之翰今本譌爲爲周之翰

蕃

板作藩

于邑于謝既入于謝

東方朔七諫偃王行其仁義兮荆文寤而徐亾王逸注曰徐偃王國名也周宣王之舅申伯所封也詩曰申伯番番既入于徐周衰其後僭號稱王也　潛夫

論炎帝苗胄或封於申在南陽宛北序山之下故詩云亹亹申伯王薦之事于邑于序南國爲式

錫爾介圭

爾雅珪大尺二寸謂之玠郭注引詩錫爾玠珪　說文圭古文從玉玠大圭也周書曰稱奉玠圭　玉裁按今尚書作承介圭

往近王舅

朱子集傳近鄭音記案說文从辵从丌今从斤誤唐韵正曰按說文別有近字古之遒人以木鐸記詩言从辵从丌讀與記同故九經音義於近字下多注

云附近之近以示學者使讀爲其謹切而不知古人近幾二字通用詩之會言近止往近王舅鄭康成所讀爲記者又皆附近之近而非䢋也按陸云附近之近者謂讀去聲所以別於讀上聲之近也凡近遠讀上聲近之遠之讀去聲寧人乃云附近之近讀其謹切以別於䢋字大誤又會言近止乃附近之近往䢋王舅乃音記語詞也寧人亦不能分別會言近者與偕邇爲韵者合音也此條之誤大矣　玉裁按䢋字經傳內不常見陸德明釋文內於近字每注附近之近者皆以別諸上聲之近遠而非別諸䢋字也古以

遠近讀上聲親近讀去聲崧高傳近己也鄭箋己辭也此是申毛各本作近辭也誤讀如彼記之子之記蓋往近王舅言往己王舅也古音同部假借詩借近爲己故傳以己訓近猶湛與借簣爲積故傳以積訓簣板借王爲往故傳以往訓王鄭箋又從而申明其說耳詩彼其之子左傳引作彼己禮記引作彼記鄭風大叔於田鄭箋云忌辭也讀如彼己之子之己劉伯莊史記音義云亓古其字玉篇亓古其字說文亓讀若箕近讀與記同知其己記忌亓近字同在之咍部古同音假借若近字乃在諄文部音轉讀若幾讀若祈在脂微部如會

言近止與偕邇爲韵如周禮九畿故書作九近周易
月幾望或作近望是也諄文與脂微近與之咍部相
去甚遠不相假借崧高詩偷是近字則毛不能訓爲
己鄭不能讀如記而傳箋之說俱無義理不可通矣
故經文近字定爲辺字之譌其說不可易也　毛居
正曰今字譌作近不敢改也
以時其粻
釋文曰如字本又作峙
烝民八章章八句
天生烝民

孟子引詩天生蒸民
民之秉彝
孟子引詩民之秉夷
不侮矜寡
左氏傳昭公元年叔向引詩不侮鰥寡不畏彊禦
鴻雁詩作鰥寡
我義圖之
釋文我義毛如字宜也鄭作儀儀匹也
愛莫助之
爾雅薆隱也從毛傳當作薆

征夫捷捷
說文倢佽也玉篇詩云征夫倢倢倢倢樂事也本亦
作捷
韓奕六章章十二句
奕奕梁山
陳第曰尒雅疏奕奕梁山作弈弈下从廾音拱豈古
通用耶玉裁按說文大部奕字注引奕奕梁山爾雅
疏作博弈字誤也
解
懈之假借

虡共爾位

鄭箋古之恭字或作共

鉤膺鏤鍚

說文鍚馬頭飾也从金陽聲詩曰鉤膺鏤鍚　玉裁

按隸省作鍚

鞃

玉篇曰鞃軾中靶也鞃䡏同

淺

爾雅虎竊毛謂之虦貓釋文又作虥

幭

曲禮素簚鄭注簚覆笭也釋文曰簚本又作幭疏引既夕禮乘惡車白狗幦　玉藻君羔幦虎犆鄭注幦覆笭也疏云詩大雅鞹鞃淺幭毛傳云幭覆式幭即幦也又周禮巾車作複但古字耳三者同也　少儀拖諸幦鄭注幦覆笭也　既夕禮鹿淺幦鄭注幦覆笭　周官經巾車犬複鹿淺複然複豻複鄭注複覆笭也　春秋公羊傳昭二十五年以幦爲席何休注曰幦車覆笭　說文幦髼布也从巾辟聲周禮曰駹車犬幦　玉裁按韓奕當同儀禮禮記作幦車笭字以幦爲正也幭複皆假借字簚又幭之變

鞶革

玉裁按說文無鞶字有鋚字鋚鐵也一曰轡首銅也从金攸聲石鼓詩四車既安之下有鋚勒字焦山周鼎有鋚勒字此鼎文未見摹本其作攸革鋚勒未詳他日往山中辨之博古圖周宰辟父敦銘三皆有攸革字薛尚功鐘鼎款識周伯姬鼎有攸勒字寅簋有鋚勒字疑詩經文鞶革皆鋚勒之譌鋚勒猶唐宋人所云金勒古鐘鼎鋚省作攸後人不知爲鋚字之省輒製攸下从革之字蓼蕭毛傳鋚轡也轡下蓋落首飾二字鋚所以飾轡首下文云沖沖垂飾皃正謂此飾也革者勒字之省轡首謂

之勒勒馬頭絡銜所以繫轡故曰轡首唐孔氏釋轡
首云馬轡所靶之外有餘而垂甚誤載見鋚勒有鶬
毛傳有鶬謂有法度也　玉篇鞶轡也亦作鋚鞗靶
也勒也亦作革鞗同鞗　廣韵鋚剟頭銅飾　玉裁
又按爾雅轡首謂之革郭注轡靶勒也語不明當云
轡靶也革勒也說文轡馬轡也靶轡革也勒馬頭絡
銜也覊馬絡頭也靮馬覊也銜馬勒口中也鑣馬銜
也絡頭銜口統謂之勒所以繫轡故曰轡首轡革為
人所把故曰靶漢書王良執靶吳都賦回靶今人曰
扯手亦曰轡頭古之靶也轡也皆自人所把言之也

今人曰籠頭曰嚼口古之轡首也勒也羈靮也銜也皆自馬首言之也鄴中記曰石虎諱勒呼馬勒爲轡見廣韻知轡勒本爲二物　玉裁又按鄭箋於采芑云鞗革轡首垂也於韓奕云鞗革謂轡也於載見云鞗革轡首也絕無定說而采芑尤誤轡可言垂轡首不可言垂矣於載見云鎗金飾皃合於以鋈飾勒之旨

乾隆戊戌閏六月焦山僧澹寧寄予周鼎摹本鋈字作攸勒字殘蝕而右旁一ノ分明定其作勒初五日識於巫山署

金厄

說文槅大車枙也攷工記作鬲說文作槅西京賦商旅聯槅潘安仁傳發槅寫鞍軶轅前也　軥軶下曲者　左傳襄十四年射兩軥而還服注車軶兩邊叉馬頸者杜注車軶卷者　昭二十六年射之中楯瓦繇朐汰輈匕入者三寸杜注入楯瓦也朐車軶朐即軥之假借　小爾雅衡扼也扼上者謂之烏啄當作扼上也扼下者謂之烏啄　釋名馬曰烏啄下向叉馬頸似烏開口向下啄物時也　東原先生釋車軶謂之衡衡下烏啄謂之軥大車之軶謂之鬲　玉裁按經文厄者軶之假借毛傳厄烏蠋也烏蠋即小爾雅釋名之烏啄也古啄蠋通用如爾雅生蠋雛王逸九歎注引作生啄　釋文曰

噣洗音晝是洗重讀不濡其噣之噣陸氏雖誤引爾雅而云噣爾雅作蠋是陸尙未譌爲蠋也鄭以爲鞃虦以爲幦簦以飾勒金以飾軶本四事也徐廣曰乘輿車文虎伏軾龍首銜軶後漢書輿服志作衡軶索隱曰謂金飾衡軶爲龍玉裁按文虎伏軾郎經之虦幦金飾衡軶卽經之金軶鄭箋不用毛說以厄爲搤之假借云鞗革轡也以金爲小環往往纏搤其轡合鞗革金厄爲一事至孔沖遠正義乃以噣譌蠋妄云厄烏蠋爾雅釋蟲文厄大蟲如指似蠶金厄者以金接轡之端如厄蟲然其說致爲無理爾雅蚅烏蠋字皆从虫與

毛傳厄烏噣奚翅風馬牛不相及陸氏孔氏之牽合奚啻以鼠腊爲荊璞也軶隸省作軛他書亦借扼或曰上文曰錯衡矣又曰金軶不爲複與曰衡謂橫木軶謂下向叉馬頸之軥史記索隱引崔浩云衡車扼上橫木也是衡爲一物扼即軥爲一物也屈原賦戴氏注云軶衡下兩軥也衡亦通謂之軶　士喪禮楔貌如軛上兩末疏云如馬鞅軛馬領鄭注云今文軛作厄此可以見軛爲正字厄爲假借也

出宿于屠

說文鄜左馮翊郃陽亭言左馮翊郃陽縣之鄜亭也一本作鄜陽亭誤　王

應麟困學紀聞曰韓侯出祖出宿于屠毛氏曰屠地名不言所在濟水李氏以爲同州郃谷今按說文有左馮翊鄜陽亭當作左馮翊郃陽鄜亭王氏所見說文本誤也馮翊卽同州也濟水之言信矣

鮮魚

說文鮮魚名鱻新魚精也玉裁按周官經鱻薧

蔌

說文𩱧鼎實惟葦及蒲或作餗从食束聲　鄭康成周易鼎九四注震爲竹竹萌曰筍筍者餗之爲菜也

郭注爾雅曰蔌菜茹之總名

諸娣

白虎通引詩姪娣從之祁祁如雲

顧之

毛傳顧之曲顧道義也曲或誤作由惠氏定字曰列女傳齊孝公迎華氏之長女孟姬於其父母三顧而出親授之綏自御輪三曲顧姬輿遂納於宮淮南氾論昔蒼梧繞娶妻而美以讓兄此所謂忠愛而不可行也高誘注云蒼梧繞乃孔子時人以妻美好推與其兄於兄則愛矣而違親迎曲顧之義故曰不可行也俗本淮南無此注　玉裁按白虎通亦曰必親迎輪三周

下車曲顧者防淫泆也

實

鄭箋實當作寔趙魏之東實寔同聲寔是也

江漢六章章八句

侊侊

鹽鐵論作潢潢蓋僙僙之誤也

來旬來宣

鄭箋旬當作營

矢其文德洽此四國

禮記孔子閒居篇引詩弛其文德協此四國鄭注弛

施也　常武六章章八句

鋪敦淮濆

見汝墳

敦

鄭箋敦當作屯

緜緜

釋文曰韓詩作民民　玉裁按常武載芟之緜緜韓

詩作民民民小旻緜之膴韓詩皆作膴知四家詩字各

有義例

徐方繹騷

鄭箋繹當作驛

瞻卬七章三章章十句四章章八句

懿

鄭箋曰懿有所痛傷之聲也　玉裁按此借懿爲噫

與十月之交借抑爲噫同也抑懿同在十二部入聲

大雅抑詩外傳作懿

鞫人忮忒

說文伎與也从人支聲詩曰鞫人伎忒

介狄

毛傳狄遠也以爲逖之假借
不弔
鄭箋弔至也玉裁按鄭作迅
邦國殄瘁
漢書王莽傳邦國殄顇
召旻七章四章章五句三章章七句
我居圉卒荒
韓詩外傳引我居御卒荒
訿訿
傳曰訿訿窳不供事也玉裁按訿當作呰說文曰呰

窳也窳𡡾也史記漢書皆曰呰窳偷生皆本毛傳然則訿呰異字同義耳今本說文脫窳字各書誤以穴部之窳當之

草不潰茂

玉裁按毛云潰遂也與是用不潰于成傳同鄭箋云潰當作彙非也

職兄

毛傳兄兹也桑柔傳兄兹也與常棣傳况兹也同韋昭國語注曰况益也說文艸部兹字下曰艸木多益也

瀕

鄭箋當作濱　說文頻水厓人所賓附頻蹙不前而

止从頁从涉

昔先王受命有如召公

正義曰詩句有十六字者昔者先王受命有如召公之

臣之類也

詩經小學卷二十五

詩經小學卷二十六

金壇段玉裁撰

周頌

清廟之什

清廟一章八句

駿奔走

禮記大傳篇諸侯執豆籩逡奔在鄭注逡疾也疾奔在言勸事也周頌曰逡奔在在廟

維天之命一章八句

維天之命

禮記中庸篇引詩維作惟

於穆不已

詩譜云孟仲子者子思弟子子思論詩於穆不已孟仲子曰於穆不似斯干正義云師徒異讀非也古似聲同已

假以溢我

左氏傳襄二十七年引詩何以恤我我其收之　玉裁按杜元凱云逸詩不以爲此篇異文也而朱子集傳合爲一但合爾雅說文尚書史記求之謐溢恤皆是愼意誐何假乃是異文朱子引左氏未爲非而文王之神將何以恤我其訓非也　說文誐嘉善也从

言我聲詩曰誐以謐我　廣韵誐嘉善也詩曰誐以
謐我　玉裁按爾雅溢愼謐靜也又毖神溢愼也尚
書惟刑之恤史記作惟刑之靜徐廣曰今文尚書作
惟刑之謐維天之命或作謐或作溢或作恤皆靜愼
之意也莊子以言其老洫也亦是靜意
維清一章五句
維周之禎
釋文曰禎音其祥也爾雅同徐云本又作禎音貞與
崔本同正義曰禎祥釋言文舍人曰禎福之祥某氏
曰詩云維周之禎定本集註禎字作禎　玉裁按此

當從古本作祺作禎者恐是改易取韵

烈文一章十三句

於乎前王不忘

禮記大學篇詩云於戲前王不忘

天作一章七句

天作高山大王荒之

傳大王行道能安天之所作也　玉裁按行道能之下有脫文當云大王行道能大之文王又能安天之所作也鄭箋彼作謂萬民毛公仍承首句作字正義云毛以爲大王居岐長大此天所生者彼萬民居岐

邦築作宮室者文王則能安之訓彼作失毛意而可證毛傳有旣荒訓大康訓安也國語鄭叔詹曰周頌天作高山大王荒之荒大之也大天所作可謂親有天矣荀子王制篇引詩天作高山大王荒之彼作矣文王康之楊倞注荒大也康安也言天作此高山大王則能尊大之文王又能安之天論篇引此詩注亦云大王能尊大岐山皆可證

彼徂矣句岐有夷之行

朱子集傳曰沈括筆談曰後漢書西南夷傳作彼岨者岐今按彼書岨但作徂而引韓詩薛君章句亦但

訓爲往獨矣字正作者如沈氏說然其末復注云岐雖岨僻則似又有岨意韓子亦云彼岐有岨疑或前有所據故今從之而定讀岐字絕句　王應麟困學紀聞曰筆談云彼徂矣岐有夷之行朱浮傳作彼岨者岐今案朱浮傳無此語西南夷傳朱輔上疏曰彼徂者岐有夷之行注引韓詩薛君傳曰徂往也葢誤以朱輔爲朱浮亦無岨字　玉裁按西南夷傳朱輔疏曰臣聞詩云彼徂者岐有夷之行傳曰岐道雖僻而人不遠太子賢注曰韓詩薛君傳徂往也夷易也行道也彼百姓歸文王者皆曰岐有易道可往歸矣

易道謂仁義之道而易行故岐道阻僻而人不難岐
道岨僻四字薛君先經反言以釋夷字非釋徂字也
東原先生曰鄭箋云後之往者薛君云彼百姓歸
文王者是毛韓皆作徂作者之證玉裁謂作徂無疑
而作者則非鄭箋釋彼作矣曰彼萬民居岐邦者釋
彼徂矣曰後之往者兩矣字一例當以彼徂矣三字
一句岐有夷之行五字一句不當從後漢書作者劉
向說苑引詩岐有夷之行子孫其保之可證漢人岐
字下屬也韓詩外傳引詩政有夷之行子孫保之此
政字亦是岐字之譌　毛晉刻外傳跋曰所載詩句

或與今不同如南有喬木不可休思一章疊用四思字確然可憑又如岐有夷之行岐字連下句讀便覺彼作矣彼徂矣句法雙妙　玉裁按毛氏此跋甚善而刻內岐仍譌政

昊天有成命一章七句

夙夜基命宥密

孔子閒居篇引詩夙夜其命宥密鄭注曰詩讀其爲基聲之誤也基謀也　詩釋文曰其音基本亦作基

玉裁按張衡傳注諆謀也

宥密

何氏楷曰密當依新書作謐

於緝熙

國語無於字宋本國語有

單厥心

國語作亶厥心叔向曰亶厚也

我將一章十句

我將我享維羊維牛

詩本音曰隋書宇文愷傳引作維牛維羊則羊與享爲韵而右字不入韵也　玉裁按周禮羊人疏亦引惟牛惟羊惟天其祐之但此等恐皆未可據也

儀式刑文王之典

左氏傳昭六年叔向詒子產書引儀式刑文王之德

既右饗之

詩本音曰今本或作亯依唐石經及國子監注疏本改正　玉裁按經典凡獻於上曰亯倉所獻曰饗如詩周頌我將我亯下文曰既右饗之楚茨以享以祀下文曰神保是饗閟宮享以騂犧下文曰是饗是宜尤顯然可證

時邁一章十五句　呂叔玉云此篇爲肆夏也

莫不震疊

玉篇引詩莫不振疊

疊

說文曰楊雄說以爲古理官決罪三日得其宜乃行之从晶从宜亾新以爲疊从三日大盛改爲三田

懷柔百神

釋文曰柔本亦作濡　正義曰定本作柔集注作濡柔是也釋詁云柔安也某氏引詩懷柔百神　玉裁按宋書樂志宋明堂歌謝莊造登歌辭曰昭事先聖懷濡上靈然則六朝時本作懷濡百神也柔濡古音同是假濡爲柔耳注爾雅者引懷柔百神易其字也

集注經作濡當從之

執競一章十四句春秋左氏傳云武曰無競惟烈呂叔玉云此篇爲樊遏也

執競

鄭氏周禮注呂叔玉云蘇遏執傹也

鐘鼓喤喤

爾雅韹韹樂也釋文韹韹詩作喤喤華盲反又作鍠

說文鍠鐘聲也詩曰鐘鼓鍠鍠

磬筦將將

說文蹡蹡行皃从足將聲詩曰管磬蹡蹡

思文一章八句呂叔玉云此篇爲渠也

立我烝民

鄭箋立當作粒

貽我來牟

文選典引注引韓詩內今本譌作外傳貽我嘉麰薛君曰麰大麥也　漢書楚元王傳劉向上災異封事引詩飴我釐麰釐麰麥也始自天降　說文來字注周所受瑞麥來麰一朿作朿誤二縫象芒朿之形天所來也故爲行來之來詩曰詒我來麰　又䅘字注齊謂麥䅘也　又麰字注來麰麥也或作䒞　廣韻引埤蒼曰䅘麰之麥一麥二稃周受此瑞麥廣韻又曰麳小

麥麰同　玉裁按說文一束二縫或作一束二縫或作一來二縫而正義引說文作一麥二夆均不可解攷廣韵引埤倉作一麥二稃亦有譌誤當作二麥一稃乃合一稃二米者后稷之嘉穀也一稃二麥者后稷之瑞麥也三苗同穗者成王之嘉禾也見尚書大傳旁出上合者漢時之奇木也說文當作二麥一稃二互譌稃縫者音之譌　或曰說文作一束二稃从束者象其芒朿之形　玉裁按一束二稃言二麥同一穎芒也

詩經小學卷二十六

詩經小學卷二十七

臣工之什

金壇段玉裁撰

臣工一章十五句

庤乃錢鎛

鄭氏攷工記注引偫乃錢鎛

艾

當作刈見葛覃

噫嘻一章八句

噫嘻

東原先生曰卽曾子問注之噫歆也

卒時農夫

兩都賦李善注引韓詩帥時農夫

振鷺一章八句

在此無斁

韓詩在此無射　中庸引詩在此無射　班昭女誡引詩在彼無惡在此無射章懷注曰韓詩周頌之言也射厭也毛詩作斁

有瞽一章十三句

應田縣鼓

鄭箋田當作朄朄小鼓在大鼓旁應鞞之屬也聲轉字誤變而作田　明堂位鄭注引應朄縣鼓　爾雅郭注引詩應朄縣鼓　玉裁按說文朄擊小鼓引樂聲也今通作朄

鞉

說文鞀遼也或作鞉或作鼗籀文作磬

圉

玉裁按說文敔禁也一曰樂器椌楬也形如木虎从攴吾聲

肅雝和鳴

爾雅肅雝聲也郭注詩曰肅雝和鳴

潛一章十六句

潛

馬融長笛賦李善注韓詩薛君章句曰涔漁池也

釋文引韓詩涔魚池也　玉裁按此則韓詩潛爲涔

爾雅槮謂之涔陸德明曰槮爾雅舊文幷詩傳竝米

旁作小爾雅木旁作郭因改米从木字林作罧涔詩

作潛字小爾雅作橬字

雝一章十六句

雝雝

爾雅雝雝優優和也

載見一章十四句

和鈴央央

東京賦和鈴鉠鉠李善注引毛詩和鈴鉠鉠　玉篇鉠鈴聲　廣韵鉠鈴聲

鞗革有鶬

說文瑲玉聲也从玉倉聲詩曰鞗革有瑲說文無鞗字當作鋚

詩經小學卷二十七

詩經小學卷二十八

金壇段玉裁撰

閔予小子之什

閔予小子一章十一句

嬛嬛在疚

李善文選寡婦賦注韓詩曰惸惸余在疚　匡衡戒妃匹勸經學威儀之則疏引詩煢煢在疚　左氏傳魯哀公誄孔子曰煢煢余在疚　說文宊貧病也从宀久聲詩曰煢煢在宊

敬之一章十二句

佛

毛云佛大也此以佛爲廢之假借釋詁云廢大也古廢佛音同四月廢爲殘賊毛傳廢大也郭氏爾雅注亦引廢爲殘賊然則四月用正字敬之用假借字耳鄭箋云佛輔也則又以爲弼之假借字

小毖一章八句

荓蜂

爾雅甹夆掣曳也　玉裁按毛傳作摩曳說文摩引縱也

自求辛螫

韓詩作赦赦事也見釋文

拚飛

鄭箋作翻飛

載芟一章三十一句

其耕澤澤

爾雅郝郝耕也

侯彊侯以

顧亭林金石文字記誤作疆

有略其耜

爾雅畧利也釋文畧詩作略　說文𠞹刀劍刃也籀

文作㲋

倣載

鄭箋倣載當作熾菑

驛驛其達

爾雅繹繹生也

緜緜其麃

釋文緜緜韓詩作民民眾皃　爾雅緜緜麃也釋文

麃字書作穮　說文穮耘禾閒也春秋傳曰是穮是

衮

有椒其馨

釋文曰椒沈作俶尺叔反云作椒者誤也此論釀酒芬香無取椒氣之芳也按唐風椒聊箋云椒之性芬芳王注云椒芬芳之物此物椒猶飶飶芬香椒是芬芳之物此正相協無取改字爲俶俶始也非芬香玉裁謂毛傳云飶芬香皃俶猶飶也俶字正取其香始升芬芳酷烈之意與飶字相配若作椒是物與飶字不對傳不得云猶飶也詩言有苑有蕡有鶬有敦瓜苦有俶其城句意皆同今定從沈作俶飶香之皃也

俶馨之皃也

良耜一章二十三句

俶載

鄭箋熾菑是南畝也

其鎛斯趙

攷工記鄭注引其鎛斯捌

以薅荼蓼

說文薅拔去田艸也从蓐好省聲籀作薅或作茠詩曰既茠荼蓼　爾雅荼委葉郭璞注引詩以茠荼蓼

穫之挃挃

說文挃字注引穫之挃挃　廣韵秷刈禾聲

積之栗栗

說文穦積禾也从禾貧聲詩曰穦之秩秩　又曰秩
積也从禾失聲詩曰積之秩秩
捄
當作觩
絲衣一章九句
絲衣其紑
說文引詩素衣其紑
載弁俅俅
說文引詩弁服俅俅　玉篇曰詩戴弁俅俅或作頯
柔流切

不吳不敖

史記封禪書作不吳不鷔

吳

釋文曰吳舊如字說文作吳何承天曰吳字誤當作吳从口下大故魚之大口者名吳胡化反　說文吳姓也亦郡也一曰吳大言也从夨口徐鍇曰大言故夨口以出聲詩曰不吳不揚今寫詩者改吳作吳又音乎化切其謬甚矣　玉裁按方言吳大也吳之爲大於聲求之大言爲吳物之大者亦曰吳屈賦齊吳榜以擊汏王逸曰齊舉大櫂也

酌一章八句春秋左氏傳作汋禮經舞勺相傳以爲卽此詩也

我龍受之

毛傳龍和也　玉裁按此及長發毛以龍爲雝之假借故曰和也雝俗作雍

桓一章九句春秋左氏傳曰武六章也

婁豐年

今本作屢釋文唐石經作婁　宋婁機班馬字類引詩婁豐年角弓釋文婁本亦作屢

賚一章六句春秋左氏傳曰武三章也

敷時繹思

左氏傳宣十二年引武三章鋪時繹思我徂惟求定

般一章七句

喬

爾雅釋山銳而高嶠　說文無嶠字

裒時之對時周之命

正義曰此篇末俗本有於繹思三字誤也　釋文於繹思毛詩無此句與齊魯韓異今毛詩有者衍文也

崔集注本有是採三家之本崔因有故解之

詩經小學卷二十八

詩經小學卷二十九

金壇段玉裁撰

魯頌

駉四篇

駉四章章八句

駉駉牡馬

顏氏家訓曰詩云駉駉牡馬江南書皆爲牝牡之牡河北本悉爲放牧之牧鄴下博士見難云駉頌既美僖公牧於坰野之事何論騲騭乎余荅曰案毛詩云駉駉良馬腹榦肥張也其下又云諸矦六閑四種有

良馬戎馬田馬駑馬若作放牧之牧通於牝牡則不容限在良馬獨得駉駉之稱良馬天子以駕玉輅諸侯以充朝聘郊祀必無驛也周禮圉人職良馬匹一人駑馬麗一人圉人所養亦非驛也頌人舉其强駿者言之於義爲得也易云良馬逐逐大畜九三爻辭鄭康成本復一逐字左傳云以其良馬二亦精駿之稱非通語也今以詩傳良馬通於牧驛恐失毛生之意且不見劉芳義證乎　玉裁按李善注李陵與蘇武書引駉駉牧馬唐石經碑牡馬字皆改竄模糊玩其字形本作牡又於石上改作牧不欲泥於顏說也攷周官夏官馬政

絕無郊祀朝聘有驚無騂之文校人職云凡馬特居四之一鄭司農云三牝一牡康成云欲其乘之性相似也此云凡馬兼指六種五路之馬又康成計王馬之大數而引詩騋牝三千何嘗謂五路之馬無騂歟良馬通謂五路之馬尙皆無騂則通淫游牝豈專爲駑馬良馬豈皆駑馬所生康成何以云種馬謂上善似母者也今俗以驃驚爲良自是尙力五路之馬不皆尙強且詩序云牧於坰野毛傳云牧之坰野則駉駉然正義云駉駉然腹幹肥張者所牧養之良馬也經文作牧爲是定之方中傳馬七尺以上曰騋騋馬

與牝馬也衞之大夫良馬四之良馬五之良馬六之晉大夫趙旃以其良馬二濟其兄與叔父說卦傳爲良馬虞翻曰乾善故良也善馬通稱良馬良者對駑之稱良馬匹一圉駑馬麗一圉別其貴賤而云一馬一圉必無驛誤矣

駉駉

玉篇曰駉亦作駫詩釋文曰駉說文作驍又作駫據釋文則今本說文駫字注引駫駫四牡唐時本作駫駫牡馬許所據詩此句作駫駫牡馬下句作在駉之野與今詩絕異云說文作驍不可攷

在坰之野
說文駉牧馬苑也从馬同聲詩曰在駉之野　玉裁按許意在駉之野卽在野之駉也倒句以就韵　說文曰冂古文作同或作坰
有驈有皇
爾雅黃白騜　說文驈字注引詩有驈有騜而無騜字葢或有闕遺
有騅
正義曰檢定本集注及徐音皆作騅字而俗本多作駓字爾雅有駓白駁謂赤白雜色駁而不純非黑身

白鬣也東山傳曰騂白曰駁謂赤白襍取爾雅爲說若此亦爲駁不應傳與彼異且注爾雅者樊光孫炎於騂白駁下乃引易乾爲駁馬引東山皇駁其馬皆不引此文明此非駁也其字定當爲雒但不知黑身白鬣何所出耳　玉裁按文選顏延年赭白馬賦李注引劉芳毛詩義證曰彤白襍毛曰駁蓋豳風語也且彤白曰騢非駁也

有驔

毛傳驔豪骭也　說文驔驪馬黃脊也騽豪骭也

爾雅驪馬黃脊騽釋文云說文作驔今爾雅本亦有

作驔者

有魚

爾雅二目白魚釋文本又作䁂字林作驈

有駜三章章九句

鼓咽咽

釋文曰咽本又作淵　李善東京賦注引毛詩鼓鼝

鼝

歲其有詒孫子

唐石經歲其有詒孫子有字之側有年字詒字之側

有厥字　釋文歲其有本或作歲其有矣又作歲其

有年矣年皆衍字也詒孫子本或作詒厥孫子詒子孫子皆是妄加也　正義曰定本集注皆云歲其有年　周頌豐年正義引魯頌歲其有年　列女傳引君子有穀詒厥生子

泮水八章章八句

茆

說文茆鳧葵也从艸丣聲詩曰言采其茆　廣韵三十一巧茆鳧葵說文作茆音柳又四十四有引詩言采其茆

屈

毛韓皆云屈收也鄭箋云治也徐云鄭其勿反　玉裁按爾雅釋詁篇淈治也郭注云書序作汩音同耳此詩毛韓如字鄭讀淈孔氏正義云釋詁篇淈治也某氏引此詩

泮宮

禮器篇鄭注頖宮朱本有宮字今本無郊之學也詩所謂頖宮也　玉裁按王制禮器篇皆作頖宮

在泮獻馘

王制鄭注引在頖獻馘　說文聝或从首作馘

皋陶

古經傳皆作咎繇

狄彼東南

釋文引韓詩鬄除也　鄭云狄當作剔剔治也　玉裁按即用逷蠻方之逷抑傳云逷遠也左傳糾逖王慝

烝烝皇皇

鄭箋皇皇當作暀暀暀暀猶往往也

不吳不揚

漢衞尉衡方碑引詩不虞不揚

戎車孔傅

鄭箋博當作傅甚傅緻

黮

說文黮桑葚之黑也　玉裁按當同衞風作葚

憬彼淮夷

說文臩字注讀若詩云穬彼淮夷之穬　又憬字注引詩憬彼淮夷　玉裁按釋文曰憬說文作懬今說文懬字注內不引此詩葢臩字注內穬字當爲懬也文選沈約齊故安陸昭王碑文注云韓詩曰獷彼淮夷薛君曰獷覺悟之皃　王伯厚詩地里攷曰韓詩獷彼淮夷

閟宮九章三章章十七句一章十六句一章十七句二章章八句二章章十句舊說二章章十七句一章十二句一章三十八句二章章八句二章章十句凡八章今從朱子集傳

閟宮有侐

張載魯靈光殿賦注引詩祕宮有侐李善注引毛萇詩傳云祕神也　玉裁按毛云閟閉也鄭云閟神也說文祕神也鄭以閟爲祕之假借李善注誤以鄭箋爲毛傳

稺

郭注方言曰稺古稚字　說文稙字注引詩稙稚尗

麥　五經文字曰說文作穛字林作穜

實始翦商

說文戩滅也从戈晉聲詩曰實始戩商　毛傳翦齊

也按毛意正當作歬

土田

周官經大司徒鄭注引詩錫之山川土地附庸

夏而楅衡

說文衡字注引詩設其楅衡　玉裁按設其楅衡見

周官經說文楅字注引詩夏而楅衡

白牡騂剛

公羊傳周公用白牡魯公用騂犅說文犅特牛也

犧尊

正義曰犧尊之字春官司尊彝作獻尊鄭司農云獻讀爲犧犧尊飾以翡翠象尊以象鳳皇或曰以象骨飾尊此傳言犧尊者沙羽飾與司農飾以翡翠意同則皆讀爲娑傳言沙即娑之字也阮諶禮圖云犧尊飾以牛象尊飾以象於尊腹之上畫爲牛象之形王肅云將將盛美也大和中魯郡於地中得齊大夫子尾送女器有犧尊以犧牛爲尊然則象尊尊爲象形也王肅此言以二尊形如牛象而背上負尊皆讀犧

爲義與毛鄭義異未知孰是

荊舒是懲

史記建元以來侯者年表曰詩書稱三代戎狄是膺

荊荼是徵

魯邦所詹

何氏楷曰韓詩外傳說苑風俗通俱作瞻　玉裁按

毛傳詹至也不改字

遂荒大東

爾雅幠有也郭注引詩遂幠大東

繹

尙書及說文作嶧爾雅屬者嶧

淮夷蠻貊

傳云淮夷蠻貊此四字複舉經文下云而夷行也當有闕文江漢傳曰淮夷東國在淮浦而夷行也此篇上章云淮夷來同不注者義同江漢此云淮夷蠻貊傳當云淮夷蠻貊謂東國在淮浦而有夷蠻貊之行者也淮夷淮蠻淮貊正是各從其所習而名之采芑云荆蠻傳云荆州之蠻也荆州不皆蠻而有蠻淮上不皆夷蠻貊而有夷蠻貊夷蠻貊三字皆統於淮字尙書曰徐戎淮夷則中國有如戎行者卽爲戎有如

夷行者卽爲夷矣淮夷見禹貢𣏟誓江漢閟宮春秋
左氏傳毛公直謂其華人而夷行耳尚書僞孔傳則
云古帝王羈縻在中國者秦始皇始逐出之於禹貢
又言淮夷是二水名
居常與許
鄭箋曰常或作嘗在薛之旁莊公築臺於薛六國時
齊有孟嘗君食邑於薛
兒齒
爾雅黃髮齯齒壽也　說文齯老人齒　張衡南都
賦齯齒眉壽鮐背之叟

新廟奕奕

周官隸僕鄭注云五寢五廟之寢也詩云寢廟繹繹相連貌前曰廟後曰寢　玉裁按此巧言之異文非閟宮新廟奕奕之異文也高誘呂覽季春紀注曰前曰廟後曰寢引詩云寢廟奕奕言後連也高與鄭所引雖一作繹一作奕不同而寢廟二字在上則同乙巳五月讀蔡氏獨斷云月令曰先薦寢廟詩曰公侯之宮頌曰寢廟奕奕言相連也據此言頌曰則鄭高所引皆魯頌也新作寢爲異

詩經小學卷二十九

詩經小學卷三十

金壇段玉裁撰

商頌

那五篇

那一章二十二句

置我鞉鼓

鄭箋置讀曰植　明堂位殷楹鼓鄭注引殷頌植我

鼗鼓

鞉鼓淵淵

說文鼘鼓聲也詩曰鼗鼓鼘鼘

庸鼓有斁

爾雅大鍾謂之鏞　說文大鐘謂之鏞　毛傳曰大

鐘曰庸

萬舞有奕

東京賦李善注引毛詩萬舞奕奕

恪

說文作愙从心客聲

烈祖一章二十二句

賚我思成

鄭箋賚當作來

亦有和羹

說文鬻五味盉鬻也从鬻从羔詩亦有和鬻或作𩱧

或作鬻小篆作羹

既戒

毛傳戒至此以戒爲屆之假借字也戒在弟一部屆

在弟十五部屆訓至而戒不訓至異部假借也爾雅

艐至也艐說文讀若莘郭注方言艐古屆字亦合二

字爲一本非一字也

鬷假無言

中庸篇奏假無言　左氏傳昭二十年引詩鬷嘏無

言　玉裁按禮記嘏長也大也卷阿傳嘏大也賓筵傳嘏大也此本字也那傳假大也烈祖傳假大也皆以假爲嘏之假借字也楚茨傳格來也抑傳格至也此本字也雲漢傳假至也泮水傳假至也烝民〈元〉鳥長發義同此皆以假爲格之假借字也

鬷

毛傳鬷總言鬷爲總之假借字鬷釜屬孔沖遠曰鬷總古今字非也

來假來亯

詩本音曰今本作亯唐石經作饗歐陽氏曰上云以

亯者謂諸侯皆來助致亯於神也下云來饗者謂神來至而歆饗也呂氏嚴氏竝載此說亯饗二義不同今從石經　玉裁按此篇二亯字石經來亯作饗誤也經例獻曰亯受其獻曰饗如楚茨我將閟宮諸篇皆同此篇以假以亯鄭箋云以此來朝升堂獻其國之所有來假來享鄭箋云諸侯助祭者來升堂來獻酒是皆下獻上之辭下文降福無疆鄭箋云神靈又下與我久長之福也乃自神靈言之馬應龍刊本竝作亯爲是

〔元〕鳥一章二十二句

宅殷土芒芒

史記三代世表褚先生引詩殷社芒芒

九有

文選加魏公九錫文注云韓詩曰方命厥后奄有九域薛君曰九域九州也　玉裁按有古音如以域爲其入聲常道將引洛書曰人皇始出分理九州爲九囿九囿卽九有也毛公曰囿所以域養禽獸也囿域亦於音求之

受命不殆在武丁孫子

玉裁按大戴禮用兵篇引詩校德不塞嗣武于孫子

盧注以爲逸詩今按恐即此二句之異文也

邦畿千里

尙書大傳圻者天子之竟也諸侯曰竟鄭注周禮方千里曰王圻詩曰邦圻千里惟民所止見路史國名紀信及儀禮經傳通解續

肇域彼四海

鄭云肇當作兆

景員維河

鄭云員古文作云河之言何也

員

朱子曰員與下篇幅隕義同

百祿是何

春秋左氏傳隱三年引詩作荷

長發七章一章八句四章章七句一章九句一

章六句

禹敷下土方

朱子曰方字絕句天問禹降省下土方葢用此語

幅隕

鄭箋隕當作圓

海外有截

漢書作海水有截

至於湯齊湯降不遲聖敬日躋

孔子閒居篇引詩至于湯齊湯降不遲聖敬日齊鄭注云詩讀湯齊爲湯躋躋升也齊莊也此詩云殷之先君其爲政不違天之命至于湯升爲君又下天之政教甚疾其聖敬日莊嚴釋文湯齊依注音躋亦作躋子兮反詩如字日齊側皆反詩作躋　玉裁按董彥遠除正字謝啟所謂書殘武殪頌亂湯齊是也晉語宋襄公引商頌湯降不遲聖敬日躋

上帝是祗

詩本音作祇誤

爲下國綴旒

禮記郊特牲篇鄭表畷鄭注引詩爲下國畷郵正義曰所引詩者齊魯韓詩也　玉篇畷字注曰詩云下國畷流畷表也本亦作綴　公羊傳君若贅旒然

旒

說文㫃部游旌旗之流也从㫃汓聲斿旌旗之流也从㫃攸聲無旒字

敷政優優

說文心部𢝊愁也从心从頁夊部憂和之行也从夊

悳聲詩曰布政憂憂　玉裁按俗以憂爲悳愁字
左氏傳昭二十年引詩布政優優　釋文敷本亦作
孚
說文手部揫束也从手秋聲詩曰百祿是揫韋部䊤
收束也或作䊤或作揫
百祿是遒
荀子引詩爲下國駿蒙　大戴禮將軍文子篇引詩
爲下國駿厖
受小共大共爲下國恂蒙何天之寵傳奏其勇
龍

鄭箋寵當作寵大戴禮作寵見上　玉裁按毛傳龍和也葢以爲邕和之假借字其音相近

數

大戴禮作傅見上

不竦

毛傳竦懼也　玉裁按當作悚說文悚懼也雙省聲

武王載旆

荀子引詩武王載發　說文坺治也一曰臿土謂之坺詩曰武王載坺

鉞

說文作戉

則莫我敢曷

朱子曰漢書作遏　毛傳曷害也　玉裁按言曷爲害之假借

苞有三蘖

說文欁伐木餘也或作櫱古文作不亦作枿　廣韵五肴引詩枹有三枿

韋顧

漢書古今人表韋鼓

降予

　予俗本誤作子

左右

　俗有佐佑字說文所無

　　殷武六章三章章六句二章章七句一章五句

罙入其阻

　說文网部罙周行也从网米聲詩曰罙入其阻罙或
　作冞　玉裁按今隸應作罙各本作采誤廣韵罙罟
　也罙罙入也冐也周行也分別誤　五經文字曰說
　文作罙隸省作罙見詩

命于下國封建厥福

左傳引商頌不敢怠皇命以多福

商邑翼翼四方之極

韓詩京師翼翼四方是則見後漢書樊儵傳王伯厚詩地里攷漢紀康衡疏引韓詩京邑翼翼　東京賦京邑翼翼

赫赫濯濯

爾雅赫赫躍躍迅也釋文赫舍人本作奭躍樊本作濯

方斲是虔

毛傳虔敬也　鄭箋榩謂之虔　玉裁按爾雅榩謂

之稷釋文曰稷本亦作庱

詩經小學卷三十

蘇州閶門外桐涇橋
西青霞齋吳學圃刻

四巻本

師顧堂據清嘉慶二年臧氏拜經堂叢書本景印原書框高一八〇毫米寬一二六毫米

詩經小學錄四卷

武進臧氏拜經堂雕

刻詩經小學録序

詩經小學金壇段君玉裁所著初鏞堂從翰林學士盧召弓遊始知段君以鄙論尙書古今文異同四事就正段君致書盧先生云髙足臧君學識遠超孫洪之上盧先生由是益敬異之既而段君自金壇過常州攜尙書撰異來授之讀且屬爲挍讐則與鄙見有若重規而疊矩者因爲參補若干條劉端臨訓導見之謂段君曰錢少詹簽駁多非此書之言不若臧君箋記持論正合也而詩經小學全書數十篇亦段君所授讀鏞堂善之爲刪煩纂要國風小大雅頌各録成一卷以自省覽後段

君來見之喜曰精華盡在此矣當即以此付梓時乾隆辛亥孟秋也竊以讀此而六書假借之誼乃明庶免穿鑿傅會之談段君所著尚書撰異詩經小學儀禮漢讀考皆不自付梓有代爲開雕者又不果而此編出鏞堂手録卷帙無多復念十年知己之德遂典裘以畀剞劂氏此等事各存乎所好之篤不篤耳原未可以力計也書中每言十七部者段君自用其六書音均表之說嘉慶丁巳季冬武進臧鏞堂書於南海古藥洲之譔詁齋

順德胡垣表寫㨾馮裕祥鐫字

詩經小學卷第一

金壇段氏

國風

關關雎鳩

爾雅說文皆作鵙

在河之洲

說文曰水中可居曰州詩曰在河之州　按爾雅毛傳皆云水中可居者曰州許氏正用之

君子好逑

鄭箋怨耦曰仇釋文逑本亦作仇　按兔罝公侯好

仇說文逑字注怨匹曰逑左傳怨偶曰仇知逑仇古通用也

輾轉反側

按古惟用展轉詩釋文曰輾本亦作展呂忱從車展知輾字起於字林說文展轉也

服之無斁

禮記緇衣王逸招魂注皆引詩服之無射　按斁爲本字射爲同部假借

薄澣我衣

說文作瀚今通作澣　按斡爲榦之俗當作瀚不當

作澣

害澣害否

傳曷何也　按古害讀如曷同在第十五部於六書爲假借也葛覃借害爲曷長發則莫我敢曷傳曷害也是又借曷爲害

我馬瘏矣我僕痡矣

爾雅痡瘏病也釋文痡詩作鋪瘏詩作屠　按今詩不作屠鋪惟雨無正淪胥以鋪毛傳鋪病也爲假借

云何盱矣

爾雅注詩曰云何盱矣邢䟽云何盱矣者卷耳及都

人士文也　按今作吁誤也何人斯云何其盱都人士云何盱矣經文無吁字

螽斯羽

爾雅蜤螽蜙蝑釋文蜤本又作蟴詩作斯　按蟴蜤同在第十六部猶斯析同在第十六部也螽蟴亦稱蟴螽非如鸒斯之斯不可加鳥

詵詵兮

釋文曰說文作辝玉篇辝多也或作莘騂𢪋兟甡五經文字兟色臻反見詩　按今說文無辝字東都賦俎豆莘莘魏都賦莘莘蒸徒善注皆引毛萇詩傳曰

莘莘衆多也今詩螽斯作詵詵傳詵詵衆多也皇皇
者華作駪駪傳駪駪衆多之貌柔柔作甡甡傳甡甡
衆多也蓋其字皆可作莘莘說文引詩小雅莘莘征
夫
薨薨兮
爾雅薨薨增增衆也釋文顧舍人本薨薨作雄雄
按雄从隹厷聲古韻雄與薨皆在第六部
繩繩兮
螽斯抑傳皆云繩繩戒慎下武傳云繩戒也爾雅兢
兢繩繩戒也

揖揖兮

蓋輯字之假借說文輯車和輯也

有蕡其實

按蕡實之大也方言墳地大也說文頒大頭也苕之華傳墳大也靈臺傳賁大鼓也韓奕傳汾大也合數字音義考之可見

公侯干城

左氏傳公侯之所以扞城其民也故詩曰赳赳武夫公侯干城蓋讀若干掫之干毛傳干扞也

施于中逵

按馗逵本同字毛詩作逵韓詩作馗與公侯好仇爲韻王粲從軍詩與愁由流舟收憂疇休留字爲韻古音讀如求在第三部也至宋鮑昭乃與衰威飛依穨字爲韻入於第十五部廣韻又分別馗在尤韻兼入脂韻逵專在脂韻顧炎武詩本音乃以脂韻之逵爲本音而讀仇如其以協之引史記趙王友歌證仇本有其音不知趙王友歌乃漢人之尤二韻合用逵與馗一字古皆讀如求也禮堂按趙王友歌漢書高五王傳作仇史記呂后紀作讎

江之永矣

說文永字注引詩江之永矣羕字注水長也引詩江

之羕矣　按永古音養或假借養字爲之如夏小正時有養日時有養夜即永日永夜也

言秣其駒

說文䬴食馬穀也無秣字廣韻秣同䬴

遵彼汝墳

爾雅汝爲濆注詩曰遵彼汝濆大水溢出別爲小水之名釋文濆字林作涓衆爾雅本亦作涓　按說文涓小流也爾雅曰汝爲涓濆水厓也詩曰敦彼淮濆此詩從毛大防之訓作墳爲正

惄如調飢

說文飢餓也饑穀不孰也唐石經飢渴皆作飢饑饉皆作饑　按傳調朝也言詩假借調字爲朝字也調周聲朝舟聲

王室如燬

按說文火燬也燬火也焜火也方言楚語㷄齊言燬古火讀如毀在第十五部焜燬皆即火字之異

百兩御之

按御爲訝之假借字訝或作迓相迎也古訝與御皆在第五部

維鳩方之

按毛方有之也四字一句猶言甫有之也下章當云成之能成百兩之禮也本或無之字於方字作逗而訓爲有朱子從之誤也戴先生曰方房也古字通

于沼于沚

傳于於　按恐與于以之于相亂故言于者於之假借也鄭箋于以猶言往以也

南澗之濵

說文作𩔰無濵字隸作瀕省作頻

于彼行潦

傳行潦流潦也　按行當作洐洐溝水行也

維筐及筥
傳方曰筐圓曰筥　按說文方曰匡圜曰籧匡俗作
筐籧方言作篆
于以湘之
傳湘亨也　按以湘爲亨同部假借古享獻亯孰元
亨同作亯在第十部又郊祀志云鬺亨上帝鬼神者
謂煮而獻之也亨讀如饗史記作亨鬺文倒當從漢
書師古注引韓詩于以鬺之鬺即說文之鬻字煮也
毛詩湘字當爲鬺之假借
有齊季女

玉篇引有齋季女考說文齋材也

勿翦勿伐

按俗以前爲歬後字以矢羽之翦爲前斷字

召伯所茇

說文废舍也引詩召伯所废茇艸根也毛詩作茇字之假借漢書禮樂志拔蘭堂又借作拔字箋云茇草舍也未免牽合其說鏞堂按周禮大司馬中夏教茇舍注茇讀如萊沛之沛茇舍草止之也軍有草止之法賈疏云以草釋茇以止釋舍此茇爲正字又按毛傳本作茇舍也故箋申之云止舍甘棠之下是毛鄭皆以茇爲废之假借今毛傳及陸氏引說文皆衍作草舍也考正義曰茇者草也草中止舍故云茇舍是孔氏雖不知茇爲废之假借而孔本毛傳原無草字亦可見矣

素絲五紽

傳紽數也總數也釋文數皆入聲音促東門之枌越以鬷邁傳曰鬷數邁行也烈祖鬷假無言傳曰鬷總假大也總大無言無爭也毛意鬷者總之假借總者數也如數罟之數九罭傳曰九罭緵罟小魚之網也烈祖鬷假中庸作奏假奏亦讀如蔟古者素絲以英裘五總謂素絲英飾數數然其數有五也緎即縫五緎言素絲爲飾之縫有五也紽讀爲佗佗加也其英飾五故曰五佗

委蛇委蛇

顧炎武唐韻正曰漢衞尉衡方碑禕隋在公酸棗令劉熊碑卷舒委遀成陽令唐扶頌在朝委隨　按君子偕老委委佗佗說文委隨也古它聲隋聲字同在第十七部

殷其靁

李善景福殿賦注引毛萇傳曰磤雷聲也

莫敢或遑

說文無遑字古經典多假皇爾雅偟暇也

摽有梅

廣韻引字統云合作莩落也趙岐注孟子曰莩零落

也詩曰𦳊有梅漢書野有餓𦳊而不知發鄭氏曰𦳊
音蔈有梅之蔈　按說文有𠬪無𦳊𠬪物落上下相
付也摽擊也同部假借作𦳊俗又按終南傳梅枏也
墓門傳梅枏也與爾雅說文合說文梅枏也某酸果
也凡梅杏當作某毛於此無傳蓋當毛時字作某後
乃借梅爲某二木相溷也韓詩作楳說文楳亦梅字

迨其謂之
毛意謂會也

不我以
爾雅不簇不來也說文簇下引詩不簇不來　按蓋

即此句異文故爾雅釋之曰不𤞞我者不招來我也而說文仍之廣韻云𤞞不來誤

白茅包之

按釋文苞逋茆反裹也是陸本不誤注疏本釋文改爲包逋茅反本上聲而讀平聲矣其誤始於唐石經苞苴字皆从艸曲禮注云苞苴裹魚肉或以葦或以茅木瓜箋云以果實相遺者必苞苴之引書厥苞橘柚今書作包譌郭忠恕云以草名之苞爲厥包其順非有如此者失之不審

維絲伊緡

說文緍从糸昏聲昏从日从氏省氐者下也一曰民聲　按昏以氏省爲正體曰民聲者非也

我心匪鑒

匪本匡匪字詩多借匪爲非

威儀棣棣

說文戴下引詩威儀秩秩即此句異文猶平秩東作之作平豑也

不可選也

傳物有其容不可數也車攻序因田獵而選車徒傳選徒囂囂囂囂聲也維數車徒者爲有聲也　按選

皆算字之假借漢書引詩威儀棣棣不可算也說文
算數也鄭注論語何足算也云算數也算選同部音
近又夏官司馬羣吏撰車徒注撰讀曰算算車徒謂
數擇之也撰亦算之假借詩箋不云選讀曰算者義
具毛傳矣

仲氏任只

傳任大也正義曰釋詁文　按爾雅壬大也不作任
知毛作壬箋易傳爲睦婣任恤之任

願言則嚏

傳疐劫也疏引王肅云疐劫不行　按毛本同豳風

狠跋作疐箋作嚏說文石經並同廣韻十二霽嚏鼻
气也玉篇口部嚏噴鼻也詩曰願言則嚏鼻部⿰至鼻⿰鼻疐
二同都計切鼻噴气本作嚏嚏字从口者口鼻气同
出也說文嚏悟解气也引此詩釋文載崔說與說文
合而非毛鄭意考月令民多鼽嚏鼽謂病寒鼻塞內
則不敢噦噫嚏咳欠伸跛倚嚏鼻气也欠張口气悟
也若以嚏爲欠㰦是內則嚏欠複矣說文悟解气之
說未當

雝雝鳴鴈

說文雁鳥也鴈䳘也是鴻雁當作雁鴈鵞當作鴈

迨冰未泮

古泮與判義通說文無泮字玉篇泮散也破也亦泮宮俗本字書又載泮字

不我能慉

說文引詩能不我慉　按能之言而也乃也詩能不我慉能不我知能不我甲皆同今作不我能慉誤也鄭注周易宜建侯而不寧而讀爲能此詩與芄蘭能讀爲而古能而音近同在第一部傳慉興也與說文慉起也正合今本興作養誤鏞堂案釋文云慉毛興也王肅養也是今本作養從王肅也

昔育恐育鞫

顧亭林曰唐石經凡詩中鞫字自采芑節南山蓼莪之外並作鞫今但公劉瞻卬二詩從之餘多俗作鞠

按鞠从革匊聲蹋鞠也或作鞫𥷚窮治罪人也从㚔从人从言竹聲或作𥸨今俗作鞫毛詩傳或云窮也谷風南山或云究也公劉或云盈也節南山或云告也采芑告爲假借窮究盈皆本義其字皆當作鞫蓼莪傳云養也亦當作鞫鞫爲窮亦爲養相反而成猶治亂曰亂也

亦以御冬

傳御禦也　按以御爲禦此假借也

既詒我肄

傳肄勞也　按勩之假借字也

胡爲乎泥中

泉水之禰韓詩作坭蓋即其地廣韻坭地名

左手執籥

說文作龠玉篇引詩左手執龠　按今以龠爲量器

以書僮竹笘之籥爲樂器

隰有苓

爾雅毛傳苓大苦說文蘦大苦從爾雅毛傳

毖彼泉水

釋文韓詩作祕說文作毖　按說文毖字注讀若詩云泌彼泉水不作毖彼泉水說文泌俠流也爲正字毛作毖韓作祕皆同部假借字衡門泌之洋洋傳泌泉水也正義云邶風曰毖彼泉水故知泌爲泉水魏都賦溫泉毖涌而自浪劉淵林引毖彼泉水善曰說文曰泌水駃流也泌與毖同

不瑕有害

傳瑕遠也箋瑕過也害何也　按毛以瑕爲遐之假借鄭以害爲曷之假借二子乘舟篇同

俟我於城隅

傳俟待也　按俟大竢待此借俟爲竢詩多用于偶有作於者如此篇及於我乎夏屋渠渠是也

愛而不見

說文僾仿佛也詩曰僾而不見又薆蔽不見也爾雅薆隱也方言揜翳薆也郭注謂隱蔽也詩曰薆而不見　按禮記祭義僾然必有見乎其位正義引詩僾而不見離騷衆薆然而蔽之詩之薆而猶薆然也

河水瀰瀰

說文瀰滿也从水爾聲　盧紹弓曰漢地理志引郰

詩河水洋洋師古注今邶詩無此句考玉篇水部洋
亡爾切亦瀰字集韻瀰或作洋然則洋洋乃洋洋之
譌廣雅釋北有洋字今亦譌爲洋

新臺有洒河水浼浼

釋文有洒韓詩作漼浼浼韓詩作浘浘　按此必首
章新臺有泚河水瀰瀰之異文漼浘字與泚瀰同部
與洒浼字不同部又毛傳泚鮮明貌韓詩漼鮮貌毛
傳瀰瀰盛貌韓詩浘浘盛貌是其爲首章異文陸德
明誤屬之二章無疑

不可襄也

按古襄攘通史記龜策傳西襄大宛徐廣曰襄一作攘

其之翟也

按此篇也字疑古皆作兮說文引玉之瑱兮邦之媛兮著正義引孫毓故曰玉之瑱兮皆古本之存於今改之未盡者也古尚書周易無也字毛詩周官始見而孔門盛行之兮在第十六部也在第十七部部異而音近各書所用也字本兮字之假借此篇也字古作兮遵大路二也字一本皆作兮尸鳩首章兮字禮記淮南引皆作也鏞堂按蝃蝀乃如之人也韓詩外傳一列女傳七皆作乃如之人兮

旄邱何其處也韓詩外傳九作何其處兮

美孟弋矣

春秋定姒穀梁傳作定弋弋即姒同在第一部說文作㚤

作于楚宮

按喪大記注云僞或作于聲之誤也

靈雨既零

按靈同霝說文霝零也既零猶言既殘說文零餘雨也廣韻作徐雨誤

言采其蝱

莔之假借爾雅說文皆云莔貝母也

綠竹猗猗

大學引詩菉竹猗猗爾雅菉王芻邢疏詩云瞻彼淇澳菉竹猗猗是也又竹萹蓄邢疏孫炎引詩衞風云菉竹猗猗說文菉王芻也詩曰菉竹猗猗後漢書注引慱物志澳水流入淇水有菉竹草水經注淇水篇詩云瞻彼淇澳菉竹猗猗毛云菉王芻也竹編竹也漢武帝塞決河斬淇園之竹木以爲用寇恂爲河内伐竹淇川治矢百餘萬以益軍資今通望淇川無復此物惟王芻編草不異　按毛詩作綠字之假借也

離騷薋菉葹以盈室兮王逸注引終朝采菉今毛詩亦作終朝采綠魏都賦南瞻淇奧則綠竹純茂言綠與竹同茂也故以冬夏異沼麗句上林賦揜以綠蕙張揖曰綠王芻也　毛傳竹萹竹也釋文竹韓詩作⿱艹⿰氵毒萹茿也石經亦作⿱艹⿰氵毒爾雅竹萹蓄釋文竹本又作茿說文茿萹茿也⿱艹⿰氵毒水萹茿也神農本草經萹蓄味苦平陶貞白云人亦呼爲萹竹　按李善引韓詩作䓯玉篇曰䓯同⿱艹⿰氵毒

有匪君子

大學作有斐君子　按考工記匪色似鳴亦即斐字

綠竹青青

按淇奧苕華之靑靑與杕杜菁菁者莪之菁菁同也淇奧傳靑靑茂盛貌杕杜傳菁菁葉盛也菁莪傳菁菁盛貌

綠竹如簀

韓詩綠䓯如簀簀積也　按毛傳亦云簀積也簀即積之假借字古人以假借爲詁訓多如此

譚公維私

說文鄿國也齊桓公之所滅無譚字

螓首蛾眉

說文顉好皃从頁爭聲詩所謂顉首　按顉首即螓首毛傳但云顙廣而方不言螓爲何物鄭箋乃云螓蜻蜻也知毛作顉鄭作螓　蛾眉毛鄭皆無說王逸注離騷云娥眉好貌師古注漢書始有形若蠶蛾之說離騷及招魂注並云娥一作蛾今俗本倒易之娥作蛾字之假借如漢書外戚傳蛾而大幸借蛾爲俄宋玉賦眉聯娟以蛾揚揚雄賦何必颺纍之蛾眉虙妃曾不得施其蛾眉皆娥之假借字娥者美好輕揚之意方言娥好也秦晉之閒好而輕者謂之娥大招娥眉曼只枚乘七發皓齒娥眉張衡思元賦嫮眼娥

眉陸士衡詩美目揚玉澤娥眉象翠翰倘從今本作
蛾則一句中用蛾又用翠羽稍知文義者不肯也毛
傳蓋脫娥眉好貌四字鏞堂按謂毛傳脫此四字不敢信今遽增入傳中恐非

朱幩鑣鑣

玉篇引詩朱幩儦儦　按碩人淸人皆當同載驅作
儦儦此誤作鑣鑣者因傳有以朱纏鑣之文也說文
引朱幩儦儦俗本亦改作鑣鑣

庶姜孽孽

釋文韓詩作钀钀長貌呂覽過理篇宋王築爲蘖臺
高誘注蘖當作钀蘖與钀其音同詩云庶姜钀钀高

長貌也　按爾雅蓁蓁蘖蘖戴也毛傳蘖蘖盛飾也
蓁蓁至盛也廣韻欁頭戴物也此謂庶姜姿首美盛
如草木枝葉說文欁櫱不枿同今毛詩爾雅作孽誤

淇水滺滺

說文攸行水也从攴从人水省秦刻石嶧山文作汥
按古當作淇水攸攸後人誤改爲浟又誤改爲滺
皆未識說文攸字本義也王逸楚詞九歎注油油流
貌詩曰河水油油疑有誤

容兮遂兮

箋云遂瑞也是以遂爲璲之假借字大東傳璲瑞也

一葦杭之
說文斻方舟也从方亢聲臣鉉等曰今俗别作航非是　按說文杭同抗
曾不容刀
釋文刀字書作舠說文作䑿正義曰說文作䑿䑿小舩也　按今說文脫䑿字
伯兮朅兮
玉篇引詩伯兮偈兮　按應從玉篇作偈說文朅去也無偈字
彼黍離離

廣韻穲穲黍稷行列也佩觿彼黍䅻䅻劉向九歎覽芷圃之蠡蠡王逸注蠡蠡猶歷歷　按蠡蠡即離離古蠡在十六部離在十七部異部音近假借也

不與我戍許

說文作鄦周許子鐘作鄦見薛尚功鐘鼎款識

還予授子之粲兮

傳粲餐此假借也粲餐同部

火烈具舉

傳烈列具俱也　按言烈爲列之假借具爲俱之假借也鏞堂按張平子東京賦火列具舉是三家詩烈作列

抑釋掤忌

左氏傳釋甲執冰字之假借也

抑鬯弓忌

秦風作韔爲正字

二矛重喬

釋文喬毛音橋鄭居橋反雉名韓詩作鷮　按車舝

及爾雅有鷮字說文雉下作喬雉鳥部有鷮字

河上乎逍遙

釋文逍本又作消遙本又作搖五經文字序說文有

不備者求之字林若祧禰逍遙之類說文漏略今得

之於字林臣鉉等曰詩只用消搖此二字字林所加
爾雅徒歌曰謡孫炎曰聲消搖也漢書司馬相如傳
消搖乎襄羊莊子消搖遊張衡思元賦與仁義乎消
搖

彼其之子

左氏襄二十七年傳引詩彼己之子邦之司直史記
匈奴傳彼已將帥裴駰引詩云彼已之子索隱云彼
己者猶詩人譏詞云彼己之子是也　按左氏傳云
終不曰公曰夫己氏公羊傳云夫己多乎道夫已猶
彼己也彼己或作彼記或作彼其束晳補亡詩彼居

之子居讀如檀弓何居與彼其彼己同也善曰居未仕誤

舍命不渝

管子澤命不渝澤即釋釋即舍也

摻執子之袪兮

傳摻攬也以音近之字爲訓

雜佩以贈之

戴先生云當作貽　按古人徵召爲宮徵得來爲登來仍孫爲耳孫詩訓爲承也皆之咍職德韻與蒸登韻相通之理此來贈爲韻古合韻之一也不當改爲

貽
顏如舜華
說文䑞艸也蕣木堇朝華莫落者从艸䑞聲詩曰顏
如蕣華　按䑞舜蕣蕣古今字詩當作蕣轉寫脫廾
耳高誘注呂氏春秋仲夏紀引詩顏如蕣華
山有扶蘇
說文扶疏四布也郭忠恕佩觿山有扶蘇與扶持別
山有橋松
蓋喬假借字
褰裳涉溱

說文潧水出鄭國从水會聲詩曰潧與洧溱水出桂陽臨武入洭从水秦聲廣韻潧水南入洧詩作溱洧誤也　按秦聲在今真臻韻會聲在今蒸登韻此詩一章溱與人韻二章洧與士韻出鄭國之水本作溱外傳孟子皆作溱洧說文及水經注作潧誤也　史記南越尉陀列傳湟谿索隱曰鄒氏劉氏本湟並作涅音牛結反漢書作湟谿音皇又衞靑傳云出桂陽下湟水而姚察云史記作滙今本有湟涅及滙不同蓋由隨見輒改故也南越尉陀列傳又云下滙水徐廣曰一作湟裴駰曰或作淮字索隱曰劉氏云滙當

作湟漢書云下湟水也說文洭水出桂陽縣盧聚至洭浦關爲桂水　按洭水史記漢書作湟水匯者洭之譌涅者湟之譌淮者匯之譌洭又或譌爲汪附此以見古書之易譌

風雨潚潚

說文潚水清深也水經注湘水篇二妃從征溺於湘江神遊洞庭之淵出入潚湘之浦用山海經語又釋潚字云潚者水淸深也用說文語今俗以潚湘爲二水名且潚誤爲瀟矣羽獵賦風廉雲師吸嚊潚率西京賦飛罕潚箾流鏑揺攦皆形容欻忽之貌與毛傳

潚潚暴疾也意正合思元賦迅猋潚其媵我舊注潚疾貌李善引字林潚深清也考廣韻一屋二蕭皆有潚無瀟詩風雨瀟潚是淒清之意入聲音肅平聲音修在第三部轉入第二部音宵俗本誤爲瀟玉裁見明刻舊本毛詩作潚

在城闕兮

說文觖缺也古者城闕其南方謂之觖

人實迋女

傳迋誑也言迋爲誑之假借

聊樂我員

釋文貟本亦作云正義曰貟云古今字助句辭也
按如秦誓之云來亦作貟來
零露漙兮
正義曰靈作零字故爲落也　按此則經本作靈露
箋作靈落也假靈爲零字依說文則是假靈爲霝
並驅從兩肩兮
說文引並驅從兩豜兮豳風作豜石鼓文作豣
取妻如之何
釋文取七喻反衆經音義曰娶七句切取也詩云娶
妻如之何傳曰娶取婦也元應所據毛詩與陸異或

三之七八

是韓詩

其人美且鬈

箋云鬈讀當爲權權勇壯也　按今本作權誤說文捲气勢引國語有捲勇今齊語子之鄉有拳勇小雅無拳無勇皆作拳五經文字權字注云從手作權者古拳握字可知鄭箋从手非从木與捲勇拳勇字同今字書佚此字而僅存於張參之書也吳都賦覽將帥之權勇善曰毛詩曰無拳無勇拳與權同俗刻文選譌誤不可

其魚唯唯

釋文韓詩作遺遺玉篇遺遺魚行相隨廣韻五旨遺

魚盛貌

齊子發夕

韓詩發旦也　按從韓是發夕即旦夕也又方言發舍車也東齊海岱之閒謂之發郭注今通言發寫也詩發夕蓋猶發寫古夕寫皆在第五部

齊子豈弟

按鄭以闓圛麗發夕但以韻求之圛在五部濟濔弟同在十五部圛與濟濔不爲韻上章發夕或從韓詩旦夕之義或爲發卸之假借未嘗非疊字麗句也

猗嗟名兮

按薛綜西京賦注眳眉睫之閒是名可从目作眳也

父曰嗟予子

隸釋石經魯詩殘碑父兮父闕一字曰嗟予子行役夙夜毋已尚愼　按父下所闕一字亦必兮字疊上文父兮而言也近有重刻隸釋石經不闕妄甚父曰嗟予子母曰嗟予季兄曰嗟予弟皆五字句子與已止韻季與寐棄韻弟與偕死韻行役夙夜無已六字句

陟彼屺兮

傳山無草木曰岵山有草木曰屺　按爾雅說文皆

誤與毛傳相反岵之言瓠落也屺之言荄滋也岵有陽道故以言父無父何怙也屺有陰道故以言母無母何恃也

坎坎伐輪兮

石經魯詩殘碑欿欿伐輪兮　按此則首章二章皆同廣雅欿欿聲也

山有櫙

釋文櫙本或作蓲烏侯反爾雅櫙荎釋文櫙烏侯反本或作蓲地理志山櫙師古曰櫙音甌聲韻考曰詩山有樞字本作櫙烏侯反刺榆之名或不加反音讀

如戶樞之樞則失之矣　按魯詩作蓲毛詩作樞亦
作蓲相承讀烏侯反唐石經譌爲戶樞字而俗本因
之

弗洒弗埽

說文灑汛也汛灑也洒滌也古文以爲灑埽字　按
毛詩及論語皆作洒曲禮於大夫曰備埽灑則作灑
蓋漢人用灑掃字經典相承借用洒滌字毛傳及韋
昭注國語皆云洒灑也言假洒爲灑也

我聞有命不敢以告人

荀子臣道篇時窮居於暴國而無所避之則崇其美

隱其敗言其所長不稱其所短以爲成俗詩曰國有大命不可以告人妨其躬身　按所引即此詩異文前二章皆六句此章四句殊太短左氏定十年傳言臣之業在揚水卒章之四言者恐漢初相傳有脫誤禮堂按左傳定十年杜注云卒章四言曰我聞有命是杜以一字爲一言也

見此粲者

廣韻粲字注曰詩傳云三女爲粲又美好貌詩本亦作粲說文又作𡛷

噬肯適我

傳噬逮也方言同　按爾雅作遾逮也爲正字韓詩

作逝

采苓采苓

按苓大苦也枚乘七發蔓草芳苓揚雄反離騷愍吾纍之衆芬兮颺爗爗之芳苓遭季夏之凝霜兮慶夭顇而喪榮曹植七啟搴芳苓之巢龜皆借苓爲蓮蓋漢人讀蓮如鄰故假借苓字史記龜策傳龜千歲乃遊蓮葉之上徐廣曰蓮一作領聲相近假借是又借領爲蓮也顏師古注漢書揚雄傳但云苓香草名不知爲蓮之假借字李善注文選七發直聽斷曰古蓮字於七啟又曰與蓮同皆不指爲假借以致朱彝尊

引李注證唐風苓即蓮由六書之言不明也漢時假
借甚寬如借苓領爲蓮可證

駟驖孔阜

石鼓文我馬既駘

厹矛鋈錞

禮記進矛戟者前其鐓　按説文鐜下垂也錞矛戟
柲下銅鐏也詩曰厹矛沃錞是其字以秦風爲正也

蒙伐有苑

箋云蒙厖也説文瞂盾也从盾犮聲玉篇瞂盾也詩
曰蒙瞂有苑本亦作伐瞂同瞂史記蘇秦列傳㕭芮

索隱曰吙同敞謂楯也芮謂繫楯之紛綬也　按厖同尨

遡洄從之

說文游或作遡　爾雅作泝即游之俗

有條有梅

爾雅柚條毛傳條稻也與爾雅異

顏如渥丹

釋文丹韓詩作沰　按渥沰即邶風之沃赭也古者聲石聲同在第五部

百夫之防

傳防比也　按盖同方

隰有六駮

說文駮駮異字此傳云倨牙食虎豹之獸是駮字也

東山傳云駵白駮是駁字也陸機云梓榆樹皮如駁

馬則此宜作駁陸意六駮與苞櫟爲類按鵲巢言苕

甓言鷊之等不必駮與櫟不爲類也

於我乎夏屋渠渠

魯靈光殿賦注引崔駰七依夏屋蘧蘧

歌以誶止

爾雅誶告也釋文誶沈音粹郭音碎說文誶讓也从

言卒聲國語曰誶申胥廣韻六至誶下引詩歌以誶止　按誶訊義別誶多譌作訊如爾雅誶告也釋文云本作訊音信說文引國語作誶今國語作訊詩歌以誶止誶予不顧傳誶告也莫肯用誶箋誶告也正用釋詁文而釋文誤作訊以音信爲正賴王逸離騷注及廣韻所引可正其誤耳廣韻引歌以誶止今本止譌之列女傳作歌以訊止訊字雖誤止字尚未誤

心焉惕惕

說文或作愁　按屈賦九章云悼來者之愁愁

勞心慘兮

毛晃曰詩小雅白華念子懆懆陸音七倒反又引說文七感反云亦作慘北山或慘慘劬勞陸音七感反字亦作懆蓋俗書懆與慘互譌舛陸氏不加辨正而互音之非也白華懆當作草慥二音不當音七感反字作慘亦非北山慘當作七感反字不當作懆又陳風月出勞心慘兮亦誤當作懆

有蒲與蕑

按鄭箋欲改蕑爲蓮說詩稍泥意在三章一律蓮與荷菡萏皆屬夫渠詩人不必然也權輿詩亦欲以後章律前章釋夏屋爲食具不知首句追念始居夏屋

次句言今每食無餘次章承每食二字又將今昔比較三每食字蛸蟬縒綜最見文章之妙載驅欲改豈弟爲圛與發夕麗句然而以韻求之非矣盧令二章改鬈爲拳勇字亦非

蜉蝣掘閱

按古閱穴通宋玉風賦枳句來巢空穴來風枳句空穴皆重疊字枳句即說文之積椒木曲枝也鄭注明堂位云椇之言枳椇也謂曲橈之也枳椇即積椒陸機云椇曲來巢也空穴即孔穴善注引莊子空閱來風司馬彪云門戶孔空風善從之掘閱當從說文作

堀閱言蜉蝣出穴也老子塞其兊閉其門兊即閱之省假借字也

三百赤芾

按說文市韠也天子朱市諸侯赤市篆文作韍韠韍也所以蔽前从韋畢聲鄭注禮記韠韍皆言蔽也或借黻字爲之如論語致美乎黻冕是也或借芾字爲之如詩候人斯干采叔皆作芾是也或借沛字爲之如易豐其沛一作芾鄭康成云蔽厀是也或借茀字爲之如李善引毛詩赤茀在股朱茀斯皇又三百赤芾釋文一作茀廣韻茀同芾是也或借紱字爲之如

乾鑿度朱紱方來困於赤紱是也紱綬也李善引蒼頡篇黻黑與青相次文也芾小也爾雅毛傳同茀道多草不可行也沛水也各有本義而方言蔽膝謂之袚說文袚蠻夷衣一曰蔽厀方言蔽厀江淮之閒謂之褘說文褘蔽厀是袚字褘字又蔽厀之異名

鳲鳩在桑

釋文本亦作尸　按方言尸鳩東齊海岱之閒謂之戴南南猶鵀也

冽彼下泉

傳冽寒也大東傳冽寒意也唐石經誤作洌詩本音

從之考易井洌字从水列聲淸也詩洌彼下泉有冽氿泉字从仌列聲寒也東京賦元泉洌淸薛注洌澄淸貌善注引洌彼下泉誤

二之日栗烈

下泉正義七月云二之日栗冽字从冰是遇寒之意文選長笛賦正瀏凓以風冽注毛傳凓寒也今本誤漂風賦憯悽惏慄注毛詩傳慄冽寒氣也古詩十九首注毛詩曰二之日栗冽毛萇曰栗冽寒氣也說文凓寒也玉篇凓冽寒皃冽寒气也廣韻十七薛冽寒也五質凓冽寒風 按五經文字仌部有凓字知七月作

溧也今說文無冽字有冽氿泉正義引說文冽寒貌高唐賦注引字林冽寒風也嘯賦注引字林冽寒貌是唐時說文字林均有冽字今說文冽譌爲瀨釋文云栗烈說文作颲颲考風部不引此詩　按滭沷溧冽皆疊韻字以說文爲正滭溧字在第十二部沷冽字在第十五部如氤氳壹鬱之類觱發栗烈皆音之譌小雅觱沸檻泉司馬相如賦作滭沸一作滭浡𩫏古文詩字在十五部說文火部熚𤈦火皃上字十二部下字十五部正與滭沷滭沸同觱从角𩫏聲當爲沷沸字之假借不爲滭滭字之假借且其字不古雅

當從說文所引作滭泼爲正

三之日于耜

說文枱耒耑也或作鈶籀文作辝

八月萑葦

說文萑从艸雈聲五經文字萑从艸下雈今經典或相承隸省省艸作萑　按萑从艸雈聲下从雈雀之雈唐石經誤作雚而後改正之今七月小弁萑字皆模糊也

六月食鬱及薁

上林賦隱夫薁棣張揖曰薁山李也閒居賦梅杏郁

棣善曰郁今之郁李郁與薁音義同說文藿艸也詩曰食鬱及藿　按掌禹錫等本草嘉祐蘇頌本草圖經皆引食鬱及藿爲韓詩訓以爾雅藿山韭

采荼薪樗

傳樗惡木也玉篇誤作㯉惡木廣韻同爾雅栲山樗說文梡山樗今說文誤作山㯉

黍稷重穋

按說文種爲種稑種爲種植字林同見五經文字詩作重穋周官經作種稑說文稑或作穋

上入執宮公

今本公作功誤也采蘩箋云公事也天保靈臺傳云
公事也此箋云治宮中之事正義云經當云執宮公
定本執宮功不爲公字按今襲唐定本之誤六月傳
云公功也今俗人用膚功亦非

零雨其濛

說文霝雨零也从雨㗊象形詩曰霝雨其濛石鼓文
避來自東霝雨奔流

果贏之實

說文苦蔞果蓏也

蠨蛸在戶

釋文蠨音蕭說文作蟰音夙爾雅蟰蛸長踦釋文蟰
詩作蠨說文蟰蛸長股者廣韻蟰蛸蟲一名長蚑出
崔豹古今注　按蟰正蠨譌風雨之潚誤爲瀟可證
一切經音義引作蟰蛸在戶云上音肅下音蕭此古
字古音也勝於釋文遠矣

町畽鹿場

說文引作疃　按古重童通用廣韻疃亦作畽亦作
暖王逸九思鹿蹊兮躖躖亦作躖音吐管切即疃字
也說文躖踐處也集韻作躖

烝在栗薪

箋云栗析也古者聲栗裂同也　按栗在十二部裂在十五部異部而相通近也韓詩作烝在蓼薪廣韻蓼同蓼蕭蓼莪之蓼傳云敦猶專專烝衆也言我心苦事又苦也毛意此二句於六詩爲比內而心苦外而事苦正如衆苦瓜之繫於栗薪合之韓詩亦無析薪之意鄭箋以瓜苦爲比析薪爲賦失毛意而非詩意矣軍士在師中至苦而不見其室者三年故光武之冊陰后亦曰自我不見于今三年也

狼跋其胡

李善西征賦注文字集略曰狼狽猶狼跋也孔叢子

曰吾於狠狽見聖人之志　按孔叢子狠狽謂狠跋之詩也狽即䟺字跋䟺古通用說文跋蹎也䟺步行獵跋也無狽字狽即䟺之譌因狠从犬而䟺誤从犬猶榛榛狉狉俗因狉从犬而榛亦誤从犬作獉也蕩詩顛沛即蹎跋之假借傳顛仆也沛跋也〔今譌拔〕沛跋䟺同在第十五部今沛䟺讀去聲古與跋同入聲是以通用假借自去入岐分罕知顛沛即蹎跋之假借且罕知狽即䟺之譌䟺即跋之通用字矣

詩經小學卷第一　　臧鏞堂録

詩經小學卷第二

金壇段氏

小雅

周道倭遲

漢書地理志周道郁夷　按尚書宅嵎夷五帝本紀作居郁夷

翩翩者鵻

爾雅釋文隹如字旁或加鳥非也　按釋文誤也說文鵻祝鳩也从鳥隹聲祝鳩即爾雅鵻其鳺鴀之鳥亦名鵓鳩

卾不韡韡

傳卾猶卾卾然　按卾字从卩咢聲今詩作从邑地名之卾者誤也馬融長笛賦不占成節卾李善注卾直也從邑者乃地名非此所施又引字林卾直言也謂節操蹇卾而不怯懦也从卩咢聲之字與从邑咢聲迥別坊記注子於父母尚和順不用卾卾郊特牲注幾謂漆飾沂卾也典瑞注鄭司農云瑑有圻卾瑑起輈人注鄭司農云環灂謂漆沂卾如環也哀公問疏幾謂沂卾也沂卾字皆从卩不从邑張平子西京賦作垠鍔韻書作圻堮國語穽卾亦从卩圻卾柞卾

皆取廉隅節制意今字書遺鄂字說文無萼字韡下
引萼不韡韡鄂之誤也郭注山海經云一曰柎華下
鄂漢晉時無萼字故景純亦作鄂
外禦其務
春秋内外傳引詩外禦其侮爾雅務侮也　按言務
爲侮字之假借
飲酒之飫
韓詩飲酒之醧廣韻十虞醧能者飲不能者止也
按說文醧私宴歓也正與毛傳飫私也合
矧伊人矣

說文矤从矢引省聲

坎坎鼓我

說文引詩竷竷舞我乃記憶之誤

俾爾單厚

傳單信也或曰單厚也　按釋詁亶信也是毛以單爲亶之假借也又逢天僤怒傳僤厚也正義釋詁云亶厚也某氏曰詩云俾爾亶厚

禴祀烝嘗

說文作礿禮王制春曰礿鄭注引詩礿祀烝嘗

神之弔矣

說文迡至也

象弭魚服

說文箙弩矢箙也从竹服聲周禮仲秋獻矢箙　按

周語檿弧箕服鄭注周禮引檿弧箕箙

檀車幝幝

釋文幝幝韓詩作緂緂　按說文緂偏緩

鱨鯊

說文魦魚名出樂浪潘國从魚沙省聲爾雅鯊鮀釋

文本又作魦

且多

按且此也箋云酒美而此魚又多也

一朝右之

傳右勸也與楚茨傳侑勸也同是以右爲侑也說文姷耦也或作侑釋詁酬酢侑報也

我是用急

鹽鐵論引詩我是用戒顧寧人云當從之戴先生曰戒猶備也治軍事爲備禦曰戒譌作急義似劣於韻亦不合　按謝靈運撰征賦宣王用棘於玁狁是六朝時詩本有作我是用棘者釋言悈褊急也釋文悈本或作㥛今本作極譌又作亟詩匪棘其欲箋棘急也正

義曰棘急釋言文禮器引詩匪革其猶注革急也正義曰革急釋言文素冠傳棘急也正義曰棘急釋言文彼棘作悈今本作悈譌音義同然則悈極亟棘革戒六字同音義皆急也此詩作棘作戒皆協今作急者後人用其義改其字耳

于三十里

三十唐石經作卅三十維物終三十里皆同　按二十并爲廿讀如入三十并爲卉讀如趿即反語之始也泰瑯邪刻石文維廿六年梁父刻石文廿有六年之罘東觀皆云維廿九年會稽云卅有七年皆四字

爲句唐石經詩三十作卅是三字爲句不可從也廣韻云廿今直以爲二十字卅今直以爲三十字蓋唐人仍讀爲二十三十不讀入讀趿耳

織文鳥章

毛無傳蓋讀與禹貢厥匪織文同鳥章帛茷皆織帛爲之鄭箋易爲徽識則當作識文今本皆作織文者誤識徽識也識幟古今字許君說文鄭君周官注皆作徽識後人別製幟字貞觀時僧元應一切經音義曰幟字舊音與知識之識同更無別音

白旆央央

出其東門正義曰傳言荼英荼者六月云白旆英英是白貌茅之秀者其穗色白公羊宣十二年注繼旐如燕尾曰旆疏曰繼旐曰旆孫氏云帛續旐末亦長尋詩云帛旆英英是也　按從孫炎注作帛旆爲善此正義云以帛爲行旆又充旗之帛皆用絳言帛旆者謂絳帛猶通帛爲旃亦是絳也然則孔氏作正義時經文原作帛旆而出其東門疏引白旆英英明荼是白色周禮司常疏引白旆央央明旆不用絳由疏不出一人之手唐初本已或誤作白也今當據正義六月及公羊疏改定白旆爲帛旆其央央亦當改英英

又按釋名白旆殷旌也以帛繼旐末也其語自相乖違不貫明堂位殷之大白周之大赤周禮建大赤以朝建大白以即戎大白非帛旆也釋名既依明堂位云緌有虞氏之旌也綏夏后氏之旌也其下當云大白殷旌也大赤周旌也乃全又其下當云旆以帛繼旐末也乃與爾雅釋天毛詩傳相合今釋名乃缺誤之本

如輊如軒

按軒輊即軒輖既夕禮鄭注輖䡖也作䡖考工記大車之轅摯作摯詩作輊說文有䡖無蟄輊潘岳射雉

賦如轋如軒李善引此詩云輊與轋同

路車有奭

說文作奭五經文字作奭　按蜀都賦善注引毛萇

詩傳赩赤貌也是其字一本作赩也說文無赩字楚

辭逴龍赩只

八鸞瑲瑲

有女同車終南庭燎皆作將將又烈祖約軝錯衡八

鸞鶬鶬載見鞗革有鶬皆作鶬又韓奕八鸞鏘鏘禮

記玉鏘鳴也皆作鏘

鴥彼飛隼

說文同雖一曰雒也　按雒也是鶩也之誤

其飛戾天

後漢書孔融上書薦謝該曰尚父鷹揚方叔翰飛注引鴆彼飛隼翰飛戾天誤也詩本作其飛文舉易字

麗句耳

伐鼓淵淵

吳才老詩協韻補音序曰詩音舊有九家陸德明定爲一家之學開元中修五經文字我心慘慘爲懆伐鼓淵淵爲鼘皆與釋文異乃知德明之學當時亦未必盡用

振旅闐闐

魏都賦振旅輷輷

蠢爾蠻荆

韋元成傳引荆蠻來威　按毛云荆州之蠻也然則毛詩固作荆蠻傳寫誤倒之也晉語叔向曰楚爲荆蠻韋注荆州之蠻正用毛傳爲說又齊語萊莒徐夷吳越韋注徐夷徐州之夷也可證荆蠻文法又按吳都賦跨躡蠻荆李善注引詩蠢爾荆蠻然則唐初詩不誤左思倒字以與并精埛爲韻後漢李膺傳應奉疏曰緄前討荆蠻均吉甫之功毛刻不誤汪文盛本譌倒作蠻荆注

引蠻荊來威者俗人所改易也文選王仲宣誄遠竄荆蠻注引毛詩蠢爾荆蠻亦誤倒禮堂按漢書陳湯傳引詩蠻荆來威師古曰令荆土之蠻亦畏威而來是本作荆蠻

嘽嘽焞焞

韋元成傳引詩嘽嘽推推　按廣韻䡅䡅車盛皃疑漢書字誤

我車既攻

石鼓文我車既工

薄狩于敖

後漢安帝紀注引詩薄狩于敖俗刻今改爲搏而狩

字不改毛刻作薄狩册府元龜王氏詩考引作薄狩
水經注濟水篇濟水又東逕敖山詩所謂薄狩于敖
者也作薄狩東京賦薄狩于敖作薄狩薛注引詩薄
獸于敖薄字不誤獸字係妄改後見惠定宇九經古
義引徐堅初學記作搏狩又引何休公羊注髙誘淮
南子注漢石門頌證狩即獸字故箋云田獵搏獸也
若經作搏獸箋不巳贅乎玉裁始曉然於經文本作
薄狩鄭訓狩爲搏獸釋文云搏獸音博舊音傅乃爲
鄭箋作音義非釋經也初學記意主對偶故以薄狩
大蒐爲儷猶上文三驅一面下文晉鼓虞旗皆是也

今本作搏狩乃淺人妄改初學記云獵亦曰狩狩獸也鄭箋言田獵搏獸也此經作薄狩之確證惠君尚未考明薄字

赤芾金舄

傳舄達屨也　按複下曰舄單下曰屨達沓字古通用是重沓之義爾不於狠跋言之而於此言之者金舄謂金飾其下其上則赤也達屨葢漢人語如此孔沖遠不得其言而強爲之說

決拾既佽

傳佽利也箋云佽謂手指相佽比也　按說文亦曰

佽便利也引詩決拾既佽鄭注周官繕人引抉拾既
次是毛作佽鄭作次也
助我舉柴
說文𢫬積也詩曰助我舉𢫬搣頰㫄也从手此聲骨
部鳥獸殘骨曰骴西京賦收禽舉胔薛注胔死禽獸
將腐之名
徒御不警
唐石經誤作不驚今本因之文選陸士衡挽歌詩夙
夜警徒御注引毛詩徒御不警今俗刻作不驚
儦儦俟俟

多卅九
說文作伾伾俟俟韓詩作駓駓騃騃後漢書注引韓
詩作俟俟誒
鸞聲噦噦
說文引詩鑾聲鉞鉞　按采菽鸞聲嘒嘒泮水同庭
燎鸞聲噦噦
念彼不蹟
說文迹步處也从辵亦聲或作蹟籀文作速　按以
古韻諧聲求之朿責在第十六部亦在第五部迹蹟
爲正字李陽冰云李丞相以朿作亦亦迹字制於李斯
也

可以爲錯
按錯爲厝之假借字
靡所底止
說文广部底山居也下也从广氐聲厂部厎柔石也从厂氐聲或作砥　按物之下爲底故至而止之爲底如尚書震澤底定孟子瞽瞍底豫詩靡所底止伊於胡底皆是也若厎砥字同爲厎厲說文明析可據而經書傳寫互譌韻書字書以砥注礪石也厎注致也至也皆不察之過又或臆造說文所無之厎底字如靡所底止詩本音從嚴氏詩緝作厎謬極爾雅底

止釋文云字宜從厂或作底非此陸氏誤也鏞堂按爾雅釋詁底待也底止也即說文广部字詩祈父靡所底止毛傳底至也小旻伊於胡底箋云底至也晉語四戾久將底底韋注底止也王篇廣韻皆云底止也下也是爾雅釋言厎致也即說文厂部字書禹貢震澤厎定孔傳曰致定夏本紀作震澤致定孟子離婁上瞽瞍厎豫趙注厎致也孫宣公音義作底之爾反王篇廣韻皆云厎致也平也是凡加工致平曰厎故訓致訓平與厎厲爲一字與底止爲二字記此俟面質之

在彼空谷

按毛詩作空谷非直與韓詩異文直是譌字釋詁穹大也毛傳正用其語今誤爲空大也古無是訓孔沖遠遷就其說曰以谷中容人隱焉其空必大故云空大非訓空爲大蓋知空之不得訓大矣

君子攸芋

傳芋大也　按蓋訏之假借也周禮大司徒㓕宮室

注云謂約椓攻堅風雨攸除各有攸宇賈疏宇居也

如鳥斯革

張揖廣雅兼采四家之詩釋器云䩼羾翼也此用韓

詩韓作䩼與毛作革異字而同音同訓毛時故有䩼

字以假借之法訓之故曰翼也若訓革爲翼理不可

通廣韻䩼翅也古核切本韓詩也

載衣之裼

說文引作禘　按作裼字之假借也

不騫不崩

傳騫虧也正義曰崔氏集注虧作曜　按當從集注後人不解曜字因改之耳天保傳不虧言山此傳不曜言牛羊也考工記大肖燿後鄭注燿讀爲哨頃今字作傾頎譌小也燿曜古通用

憂心如惔

說文⿱羊火小爇也从火羊聲詩曰憂心如⿱羊火　按⿱羊火羊聲羊讀如飪今作⿱天火干聲誤也小爇一作小熱或作小孰皆非也憂心如⿱羊火作憂心⿱天火⿱天火更非釋文正義於此句皆云說文作⿱天火若依今本陸孔未由定爲此

句之異文蓋毛詩本作如羨或同韓詩作如炎不知何人始加心作惔惔憂也豈憂心如憂乎又於說文惔下妄加詩曰憂心如惔六字而毛詩之真沒矣此傳曰羨燔也瓠葉傳曰加火曰燔說文燔爇也羨小爇也爇加火也與毛傳合而今詩譌炎改惔雲漢如炎如焚傳炎燎也而今本亦譌惔矣

憯莫懲嗟

當作朁

天子是毗

說文作𣬉人臍也今作毗通為𣬉輔之𣬉此傳毗厚

也采叔傳膍厚也是肶膍又通用也
不宜空我師
傳空窮也　按七月傳穹窮也說文用之此空我師
當作穹我師爲是傳譌抑或假借未可定也毛詩空
谷韓詩作穹谷
四牡項領
傳項大也　按毛以項爲洪之假借字
胡爲虺蜴
說文易蜥易蝘蜓守宮也象形在辟曰蝘蜓在艸曰
蜥易　按說文無蜴字方言守宮或謂之蜥易其在

澤中者謂之易蜴脈蜴郭注蜴皆音析蓋蜴即蜥之或體易蜴即蜥易之倒文猶螽斯亦曰斯螽也說文虺下引詩胡爲虺蜥今詩作胡爲虺蜴蜴當讀析虺蜴即虺蜥也俗用蜥蜴成文爲重複古人言蜥易釋文蜴字又作蜥

憂心慘慘

傳慘慘猶戚戚也　按慘在二部戚在三部音近轉注今本作慘誤

蔌蔌方穀

按佌佌彼有屋富者也而方受祿於朝民今之無祿

縈獨者也而又君夭之在位椓之故曰哿矣富人哀此縈獨佌佌二句非以屋穀爲儷也又蔡邕傳速速方穀天夭是加䋣作𩏂天作夭夭皆是譌字錢唐張賓鶴云親見蜀石經作夭夭是蜀本誤耳

日月告凶

劉向引詩日月𪄳凶　按古告𪄳二字同部同音故假借𪄳爲告采芑傳𪄳告也言𪄳爲告之假借也

黽勉從事

劉向引詩蜜勿從事　按蜜勿爾雅作蠠沒古勿字亦讀如沒蜜蠠同字今作密勿非也

悠悠我里

按傳里病也箋里居也釋文所引極明依爾雅㾛病也郭云見詩則毛詩本作㾛後因鄭箋改作里併改傳病字爲居字又爾雅悝憂也郭注引悠悠我悝是一人所見本復不同耳鏞堂按十月之交悠悠我里傳里病也爲㾛字之假借雲漢云如何里箋云里憂也爲悝字之假借三家詩當有作㾛悝者毛詩作㾛則皆後人所改鄭箋十月之交云里居也作如字讀可證王肅注雲漢云㾛病也葢竊取十月之交傳義改經以異鄭郭注爾雅悝憂也當引詩云如何悝今引作悠悠我悝誤也

淪胥以鋪

按毛傳淪率也與韓義同而字異鄭箋鋪徧也韓作

痛病也則義字皆異瀹熏之爲瘁者於音求之

聽言則荅

新序漢書皆作聽言則對　按對在十五部荅在七部古借荅爲對異部假借也論語多作對孟子多作荅詩書以荅爲對皆屬漢後所改如聽言則荅新序漢書作對尚書奉荅天命伏生大傳作對可徵也

民雖靡膴

按鄭箋膴法也蓋以爲模字假借

不敢馮河

說文淜無舟渡河也从水朋聲馮馬行疾也从馬仌

聲　按馮河當作淜河字之假借也說文𣲘下引易用馮河

翰飛戾天

韓詩翰飛厲天　按厲天猶俗云摩天

弁彼鸒斯

杜欽傳小卞之作　按古無卞字弁之隸變也凡弁聲反聲之字多省从卞

歸飛提提

說文翍翼也或作䎵　按魏都賦䎵䎵精衞即提提也善曰䎵䎵飛貌

尚或墐之

說文引詩尚或殣之　按左氏傳曰道殣毛詩作墐墐塗也字之假借

亂如此幠

釋詁幠大也幠有也方言幠大也說文幠覆也　按此傳云幠大也字从巾無聲幠爲大亦爲有郭注爾雅引遂幠大東是也亦爲覆鄭箋君子攸芋爲攸幠是也三義實相通斯干正義引亂如此幠郭注爾雅引亂如此幠今本作憮誤也釋言幠傲也亦與大義相近投壺毋幠毋敖此箋云幠敖也是鄭亦作幠後

人憮多誤憮如方言憮大也今作憮漢書君子之道
焉可憮也憮同也正與大義覆義相近今亦譌作憮
考爾雅憮撫也說文憮愛也字从心不得與憮溷憮
火吳反憮亡甫反

僭始既涵

按傳潛數也蓋以爲譖字禮堂按一切經音義五引詩譖始既涵

居河之麋

蒹葭在水之湄

哆兮侈兮

爾雅誃離也郭注誃見詩邢疏云即侈兮之異文

按當爲哆兮之異文古哆誃同音也

緝緝翩翩

說文引詩咠咠幡幡　按咠咠即緝緝之異文幡幡二字當云翩翩而誤舉下章之幡幡猶引生民或舂或舀而誤云或簸或舀也

驕人好好

按爾雅旭旭蹻蹻憍也蹻蹻釋板之小子蹻蹻也旭旭詩無其文郭音呼老反是爲毛詩好好之異文無疑匏有苦葉釋文引說文旭讀若好今說文作讀若勖盇後人臆改

作而作詩

釋文作爲此詩一本云作爲作詩　按爲字誤當是一本云作而作詩也正義曰當云作而按舊無此而字賦詩定本云作爲此詩據此則孔氏原是作而作詩也正義又曰定本箋有作起也作爲也二訓自與經相乖非也按經文作而作詩起也釋第一作字爲也釋第二作字故下云孟子起而爲此詩定本既改云作爲此詩而猶存此箋可考正義依古本作而作詩乃刪作爲也三字誤矣此句一譌作爲作詩再改作爲此詩　一句內字同義異爲注以別之如昔育恐育鞠

箋云昔育之育稚也育鞫之育則從毛傳長也之訓此箋與前正相類又如于以釆蘩于沼于沚傳蘩皤蒿也于於也分別于沼之于不同于以之于訓往

柎我畜我

戴先生云畜當爲慉說文慉起也此箋畜起也明是易畜爲慉

杼軸其空

釋文柚本又作軸　按機軸似車軸故同名柚是橘柚字因杼字从木而改軸亦从木非也鏞堂按太元掜云棘木爲杼削木爲軸杼軸既施民得以燠可證杼軸之軸本不从木太平御覽四百八十四又八百二十五俱引

詩杼軸其空是唐
以前本皆从車

有洌氿泉

爾雅氿泉穴出穴出也說文厬仄出泉也从厂晷聲　按爾雅以仄出泉爲氿說文以水厓枯土爲氿爾雅以水醮爲厬說文以仄出泉爲厬是氿厬二字爾雅與說文互易其訓也

薪是穫薪

箋云檴落木名釋文依鄭則宜作木傍　按檴木名同棹見說文

不可以服箱

李善思元賦注引詩睆彼牽牛不可以服箱與下文不可以簸揚不可以挹酒漿句法一例箋云以用也不可用於牝服之箱爲下文二不可以舉例也各本

脘可字

西有長庚

傳庚續也　按書盆稷正義詩曰西有長賡毛傳以賡爲續賡庚同音而說文云賡古文續以爲即續字

未詳

六月徂暑

傳徂往也箋云徂始也　按鄭蓋易爲祖字爾雅祖

始也今文尚書曰黎民祖飢

百卉具痱

按李善注謝靈運戲馬臺詩則毛詩本作痱韓詩作腓爲假借字今本毛詩誤從韓作腓非也

廢爲殘賊

按傳廢大也本釋詁文郭注爾雅引廢爲殘賊正用毛義箋云言大於惡申毛而非易毛也釋文作忕也云一本作大也此是王肅義未之深察矣鏞堂按毛傳廢忕也箋云言忕於惡郭注爾雅訓爲大用王肅義也陸氏之言最爲有據廢忕亦同在十五部

匪鶉匪鳶

說文鷻雕也从鳥敦聲詩曰匪鷻匪鳶　按今詩鶉爲鷻之譌鳶爲鳶之譌說文無䳒字鳶即䳒也集韻以鳶爲古䳒字譌爲鳶又譌入二仙其誤已久如曹子建名都篇已讀如今音

祇自疷兮

按釋詁疷病也說文疷病也从疒氏聲毛詩三用此字爲韻白華與卑韻傳疷病也何人斯祇與易知篪知斯韻傳祇病也此皆十六部本音借祇字爲之於六書爲假借無將大車傳亦云疷病也而與十二部之塵韻讀若真此古合韻之例宋劉彝妄謂當作疷

音民考爾雅說文五經文字玉篇廣韻皆無痻字集韻始有非古元戴侗謂即痻字之省不知痻从疒昏聲昏聲在十三部民聲在十二部桑柔痻與慇辰韻不得與塵韻也說文云昏从日从氐省氐者下也一曰民聲按昏从氐省爲會意字非民聲痻字昏聲不得省爲痕也唐人避廟諱愍作慜珉作琘蟁作蟁顧炎武以唐石經祇自痕兮爲諱民減畫作氏之字由不知古合韻之例而附會劉彝臆說以求得其韻也張衡賦思百憂以自疢疢與痕音近禮記畛於鬼神鄭注畛或爲祇也又說文䘑一作衇又古狋氏讀如

權精於此可求合韻之理釋文疷兮都禮反是陸氏誤疷

日月方奧

爾雅燠煖也說文無燠字鏞堂按古燠字多作奧書堯典厥民燠洪範時燠若皆有作奧者

以雅以南

後漢陳禪傳古者合歡之樂舞於堂四夷之樂陳於門故詩云以雅以南韎任朱離　按韎任朱離自見毛詩傳陳禪合經以證四夷之樂而不知南任一也章懐謂韎任朱離蓋見齊魯詩誤

楚楚者茨

按古所云朶薺疑即楚茨朶楚異部而音近也

我黍與與

釋文音餘　按張平子南都賦其原野則有桑黍麻苧菽麥稷黍百穀蕃廡翼翼與與然則漢人讀上聲也

我庾維億

說文億安也从人意聲意滿也一曰十萬曰意从心啻聲洪适隸釋載泰山都尉孔宙碑樊毅修華嶽碑司隸校尉魯峻碑並書億作啻巴郡太守張納碑書

億作意小黃門譙敏碑書億作億　按當从說文以意爲億兆正字

獻醻交錯

傳東西爲交邪行爲錯　按說文作逪道經典中用錯字多屬假借獻醻交錯應作逪遣可以攻錯應作攻厝錯綜其數應作䢗綜舉直錯枉應作舉措考說文道逪道也厝厲石也䢗參䢗也廣韻䢗倉各切䢗綜亂也措置也錯金涂也何以報之金錯刀乃錯字本義

萬壽攸酢

說文酢醶也从酉乍聲醋客酌主人也从酉昔聲
按今俗所用與說文互異儀禮酬醋字作醋漢人注
經云味酢者皆謂酸也
我孔熯矣
按毛傳熯敬也本釋詁但熯字本義是乾貌非敬說
文戁敬也則此熯字是戁字之假借音而善反長發
傳戁恐也各隨其立詞釋之敬者必恐懼
如幾如式
薄送我畿正義曰畿者期限之名周禮九畿及王畿
千里皆期限之義故楚茨傳曰畿期也　按此當作

如幾如式

既匡既勑

廣韻敕誡也勅同今相承作勑勑本音賚　按說文

敕誡也勑勞勑也

鍾鼓送尸

今本多作鼓鍾考鼓鍾將將鼓鍾伐鼛傳云鼓其淫

樂正義云鼓擊其鍾白華鼓鍾于宮正義亦云鼓擊

其鍾此篇上文曰鍾鼓既戒此不應變文宋書禮志

四兩引皆曰鍾鼓送尸正義云鳴鍾鼓以送尸是唐

初不作鼓鍾今本承開成石經之誤

神保聿歸
宋書樂志一引神保適歸又引灋歸於天地也今鄭
箋無地字
既霑既足
按疑當作既沾既浞說文沾沾益也浞濡也鄭司農
注考工記曰腥讀如沾渥之渥漢曹全碑鄉明治惠
沾渥
黍稷彧彧
說文𩑶有文章也从有𢦏聲𢦏水流也从川或聲
按毛詩假彧爲𩑶隸省𢦏爲彧廣韻稶稶黍稷盛貌

從以騂牡

說文無騂

苾苾芬芬

以楚茨推之此句韓詩當作馥馥芬芬

倬彼甫田

爾雅菿大也說文菿艸大也俗本誤作艸木倒从艸到聲

按韓詩菿彼甫田詩釋文及爾雅疏引之俗本爾雅菿誤箌說文又譌作⿱艹⿰圭攴

或耘或耔

說文⿰耒員除苗閒穢也或从芸作⿰耒芸又耔作秄

以我齊明

說文齍黍稷在器以祀者五經文字齍或作粢同禮記及諸經皆借齊字為之　按此釋文云本又作齍是正字

以我覃耜

東京賦作剡耜說文剡銳利也亦是假借覃爲剡

俶載南畝

箋云載讀爲菑栗之菑　按管子春有以剚耕夏有以剚耘剚菑同也

不稂不莠

說文禾粟之莠采誤生而不成者謂之董蓳誤蓈或作稂

去其螟螣

按螣本螣蛇字在六部借爲一部螟蟘之蟘此異部假借猶登來之爲得來也五經文字作蟘今說文作蟘誤

秉畀炎火

釋文秉韓詩作卜　按卜畀猶俗言付與也爾雅卜予也

有渰淒淒興雲祁祁

按詩人體物之工於此二句可見凡夏雨時行始暴

而後徐其始陰氣乍合黑雲如鬉淒風怒生衝波掃
葉所謂有渰淒淒也繼焉暴風稍定白雲漫汗彌布
宇宙雨脚如繩所謂興雲祁祁雨我公田也有渰淒
淒言雲而風在其中興雲祁祁言雲而雨在其中雨
字分上去聲後儒俗說古無是也上句言興雨下又
言雨我公田則無味矣英英白雲露彼菅茅興雲祁
祁雨我公田其句法字法正同雨我之雨必讀去聲
則露彼之露又將讀何聲耶於此知善善惡惡之類
皆俗儒分別而戾於古矣
伊寡婦之利

依鄭氏箋例求之此伊亦當作緊

君子樂胥

箋云胥有才知之名　按周官胥十有二人注胥讀爲諝謂其有才知爲什長此箋亦讀爲諝說文諝知也易歸妹以須之須鄭亦讀爲諝

實維伊何

此三章實字皆當爲寔箋云寔猶是也正讀實爲寔也小星箋寔是也韓奕則先易其字云實當爲寔而後云寔是也

樂酒今夕

大招以娛昔只王逸注昔夜也詩云樂酒今昔言可以終夜自娛樂也　按春秋夜恒星不見穀梁夜作昔日入至于星出謂之昔昔者夕之假借字夕暮也从月半見夜與夕異時夜中星隕如雨之夜穀梁亦作夜不作昔王逸云昔夜也未爲明審

殽核維旅

班固典引肴覈仁義蔡注肴覈食也肉曰肴骨曰覈詩云肴覈惟旅蜀都賦肴槅四陳

匪由勿語

按鄭箋則匪字本作勿後人妄改勿由爲匪由與上

匪言勿言成偶句耳箋云勿猶無也此總釋勿從謂勿言勿由勿語四勿字又云俾使由從也武公見時人多說醉者之狀或以取怨讎故爲設禁醉者有過惡女無就而謂之也當防護之無使顛仆至於怠慢也其所陳說非所當說無爲人說之也亦無從而行之也亦無以語人也皆爲其聞之將恚怒也匪由之本爲勿由顯然下由醉之言箋云女從行醉者之言使女出無角之羖羊尤可證兩由字無二義相承反覆戒之古文奇奥非可妄改所當更正也

觱沸檻泉

按司馬相如上林賦作滭沸史記作滭浡說文當有滭字今佚

騂騂角弓

說文觲下引詩觲觲角弓釋文說文作弲　按蓋唐時說文弲下引弲弲角弓今本佚也

民胥傚矣

左傳民胥效矣　按說文無傚

見晛曰消

按說文曣夝無雲也晛日見也劉向引詩雨雪麃麃見晛聿消師古曰見無雲也晛日氣也言雨雪之盛

麃麃然至於無雲日氣始出而雨雪皆消釋矣見字不得訓爲無雲依顏注則劉向引詩見字作晉正同韓詩師古時不誤後人妄改作見耳韓詩曣晛日出也與說文晛日見也正同釋文引作曣見誤詩考作晛

上帝甚蹈

箋云蹈讀曰悼　按檜傳悼動也此傳蹈動也則是一字箋中傳而非易傳也

無自瘵焉

按箋云瘵接也以爲際字假借

英英白雲

韓詩作泱泱潘岳射雉賦天泱泱而垂雲徐爰注泱音英善曰毛詩英英白雲泱與英古字通

鼓鐘于宮

箋云鳴鼓鐘謂鼓與鐘二物也靈臺於論鼓鐘鄭云鼓與鐘也此詩正同孔云鼓擊其鐘誤

有豕白蹢

爾雅豕四蹢皆白豥蹢蹄也猶馬四蹢皆白首也或作四蹢皆白豥誤張參收蹢字入五經文字不精也

何人不矜

按鴻雁傳矜憐也菀柳傳矜危也此蓋言夫人而危困可憐不必讀爲鰥詩敝笱鰥與雲韻在十三部菀柳矜與天臻韻何草不黃與元民韻桑柔與旬民塡天韻在十二部漢人十二十三部合用多借矜爲鰥寡字而書堯典康誥無逸甫刑詩鴻雁孟子明堂章皆作鰥不假借矜字惟烝民作不侮矜寡則漢後所改而左傳昭元年引不侮鰥寡不畏彊禦固作鰥何人不矜當從本字讀

詩經小學卷第二　　臧鏞堂錄

詩經小學卷第三

金壇段氏

大雅

亹亹文王

或因說文無亹字欲盡改易詩禮記爾雅亹亹爲娓娓者誤

摯仲氏任

傳摯國任姓之中女也又大任中任也　按毛經傳皆作中古中仲通用如中興爲仲興是也今經作仲

譌

會朝清明

天問會鼂爭盟何踐吾期一作會晁請盟

自土沮漆

文選于令升晉紀總論帥西水滸至于岐下李善注毛詩大雅文鄭元曰循西水涯漆沮今本詩箋依經倒側也謂亶父避狄循漆沮之水而至岐下鏞堂按孔氏正義本作自土漆沮今疏中雖爲後人所改然尚有改之未盡者如釋經云於漆沮之旁釋傳云禹貢雍州漆沮既從是漆沮俱爲水也又漆沮爲一釋箋云豳有漆沮之水又是周地亦有漆沮也釋下率西水滸箋云上言漆沮此言循滸明是循此漆沮之側也又釋下周原膴膴傳云周原在漆沮之閒以時驗而知之據此可知正義本作自土漆沮今釋文作沮漆恐非陸氏之舊

來朝走馬

玉篇趣字注詩曰來朝趣馬言早且疾也　按鄭箋言避惡早且疾也早釋來朝疾釋趣字說文趣疾也玉篇作趣馬野王據漢人相傳古本也　鏞堂按棫樸左右趣之傳趣趨也箋云左右之諸臣皆促疾於事彼箋以趣爲疾與此正同可驗走馬之本作趣馬　程大昌顧炎武以爲單騎之始誤趣音走亦音促

周原膴膴

廣雅釋言腜腜肥也據韓詩爲訓也

堇荼如飴

說文堇艸根如薺葉如細柳蒸食之甘从艸堇聲今

一〇八五

詩譌作菫

迺慰迺止

唐石經並作迺明馬應龍本乃召司空乃召司徒二作乃餘作迺　按說文迺乃異字異義俗云古今字

捄之陾陾

顧寧人曰說文引作捄之仍仍　按廣雅釋訓仍仍登登馮馮衆也即釋此詩然則陾有作仍者今說文同詩未詳顧氏所本

削屢馮馮

按屢古作婁婁空也削婁謂削治牆空竅坳突處使

平長門賦離樓梧而相牚魯靈光殿賦嶔崟離樓說
文廔屋麗廔也囧牖麗廔闓明也離樓麗廔皆窾
穴穿通之貌

臯門有伉

說文阬閬也閬門高也五經文字阬門高廣韻四十
二宕阬門也　按毛詩之伉古本作阬屈賦吾與君
兮齊遬道帝之兮九阬九阬謂廣開天門有九重也

維其喙矣

方言㝽極也郭注巨畏反今江東呼極爲㝽倦聲之
轉也廣韻㝽困極也詩云昆夷㝽矣本亦作喙方言

㱛極也郭注今江東呼極爲㱛音喙外傳曰余病㱛矣爾雅呬息也說文呬息也詩曰犬夷呬矣　按國語郤獻子曰余病喙韋昭注短氣貌呬兮者喙兮之異文

追琢其章

周禮追師注引詩追琢其璋疏曰璋是玉爲之則追與琢皆是玉石之名也　按毛鄭是章字

求民之莫

當作嗼

其灌其栵

說文栵栭也詩曰其灌其栵　按栵當作櫟櫟木相磨也菑翳灌櫟一例不應此獨爲木名爾雅立死菑蔽者翳木相磨櫟疑是類釋此詩不言灌者已見上文矣

天立厥妃

惠棟曰當作妃各本作配誤　按傳妃媲也正義引某氏注爾雅詩云天立厥妃是矣但謂毛讀配爲妃故云媲也是未知經傳配字皆後人改妃爲配耳　鏞堂

按毛詩作配爲假借三家詩作妃爲正字惠氏戴氏段氏未詳此爲古今文之異故說多誤

維此王季

左傳韓詩王肅作維此文王　按左傳釋比于文王曰經緯天地曰文毛傳本之謂比于古者經緯天地文德之王也如成王不敢康非成王康王箋云必比于文王者德以聖人爲匹是鄭箋雖作維此王季而比于文王亦非以父同子言之不順也惟樂記注云言文王之德皆能如此而不引經緯天地曰文則爲實指周文王所見詩亦是維此文王然禮注言文王詩箋言王季說自不同

無然畔援

玉篇詩云無然伴換伴換猶跋扈也漢書項氏叛換

韋昭曰叛換跋扈也魏都賦雲徹叛換

誕先登于岸

箋云岸訟也　按鄭意作犴

同爾兄弟

顧寧人曰伏湛傳引同爾弟兄入韻　按王逸九辨注內念君父及弟兄也與上文長王煌黨並湯韻今

譌爲兄弟則非韻矣

與爾臨衝

韓詩與爾隆衝　按隆衝言限陣之車隆然高大也

毛傳以臨衝爲二非說文轒陷陣車也从車童聲

執訐連連

釋文又作誶　按作誶者誤爾雅訐言也說文訐問也無羊傳訐問也出車傳訐辭也采芑箋執其可言問所獲敵人之衆此箋執所生得者而言問之以言辭問訓訐字與誶字告義別

白鳥翯翯

說文䳐鳥之白也　按景福殿賦䳐䳐白鳥

於論鼓鐘

漢以前論字皆讀爲倫中庸經論天下之大經易君子以經論

鼉鼓逢逢

釋文逢逢亦作韸作韼譌　按淮南時則訓注引詩鼉鼓洋洋洋即韸譌呂氏春秋有始覽注引詩鼉鼓韸韸衆經音義引郭璞山海經注詩云鼉鼓韸韸是也今山海經注缺廣雅韸韸聲也

昭茲來許繩其祖武

傳許進繩戒　按續漢祭祀志注引謝沈書云東平王蒼上言大雅云昭茲來御慎其祖武六月傳亦云御進也據東平引作來御此傳訓爲進疑作許是聲之誤惠定宇說同後見廣雅許進也本此傳則毛詩

本作許作御者蓋三家東平王作慎異字同義此爲
轉注

遹求厥寧
說文引作欥漢書敘傳幽通賦欥中龢爲庶幾兮文
選作聿

築城伊淢
按韓詩作洫則字義聲皆合矣史河渠書溝洫字亦
作淢

遹追來孝
禮記引作聿　按古欥聿遹字通用

履帝武敏

爾雅履帝武敏於敏字斷句王逸離騷注履帝武敏歆於歆字斷句　按毛傳敏疾也於敏字斷句爾雅鄭箋敏拇也於歆字斷句古敏拇畝字同音皆在今之止韻故爾雅舍人本作履帝武畝亦假借字也

先生如達

按鄭箋易字爲羍似太媟矣本后稷之詩不宜若是傳云達生也以車攻傳達履之義求之蓋是達達生也達沓字古通用姜原首生后稷便如再生三生之易故足其義云先生姜原之子先生者也如樵彼桑

薪卬烘于煁傳云卬我也烘燎也煁烓竈也乃後足其義云桑薪宜以養人者也若依次訓釋則桑薪當在卬上先生當在達上

實種實褎

傳種雍腫也　按當作雝種漢書所謂一畝三甽苗生三葉以上隤壟土以附苗根比盛暑壟盡而根深能風與旱也正義引莊子雝腫而不中繩墨擬不於倫且與實發相混

維秬維秠

山海經維宜芑苣穋楊是食郭注云管子說地所宜

云其種穋芑黑黍皆禾類也苣黑黍今字作禾旁

維穈維芑

按穈字說文所無於六書無當宜從爾雅說文作虋

以歸肇祀

按箋云肇郊之神位也是以肇爲兆之假借也或少當作兆三字禮記引下文作后稷兆祀周官經兆五帝於四郊說文作垗肈从戈肁聲今本作肇非也考書肈十有二州肈基王迹及此以歸肈祀后稷肈祀釋文皆作肈玉篇攴部肇俗肈字五經文字戈部肈作肇訛唐石經此詩二肈皆从戈廣韻有肈無肇今

本說文攴部有肇字唐後人妄增入無疑凡古書肇字皆當改作肈

或舂或揄

說文舀抒臼也从爪臼詩曰或簸或舀或作𦥷或作抭　按周禮舂人注儀禮有司徹注皆引詩或舂或抭其字从手宂聲宂散之宂今在第九部古在第三部說文當云或舂或舀而云或簸或舀者記憶之誤也今詩作揄者聲之誤也鄭氏注三禮所引蓋韓詩而說文序云詩毛氏則毛詩故作舀也

釋之叟叟

說文釋漬米也从米睪聲　按亦曰淅米亦曰汏米

唐石經誤作釋諸本承之

敦彼行葦

李善長笛賦注引鄭箋團聚貌

醓醢以薦

說文作䀋醢从血肬聲

嘉殽脾臄

說文𧮫口上阿也从口上𧮫象其理或作啣或作臄

敦弓既堅

說文弴畫弓也从弓𦎧聲　按敦讀如追不讀彫猶

追琢其章不讀彫琢鷙釋爲雕不讀雕字此異部轉
注之理也
酌以大斗
釋文斗亦作枓說文鋀酒器也或作豆
高朗令終
說文作朖
鳧鷖在涇
按此篇涇沙渚潨亹一例不應涇獨爲水名鄭箋涇
水中也今本誤作水名也故下云水鳥而居水中是直接水
中二字改作水名則不貫矣下章傳沙水旁也箋云

水鳥以居水中爲常今出在水旁承上章在涇爲言

爾雅直波爲徑郭注言徑侹釋名水直波曰涇涇徑

也言如道徑也莊子秋水篇涇流之大兩涯渚涘之

閒不辨牛馬司馬彪云涇通也義皆與此詩合涇徑

字同謂大水中流徑直孤往之波故箋云涇水中也

因下章沙爲水旁故云水中以別之四章因三章渚

爲水中高地故云潨水外高地以別之蓋以潨爲崇

字之假借也

假樂君子

傳假嘉也　按維天之命傳𧗳傳同假皆嘉之假借

字也

且君且王

釋文一本作宜君宜王　按趙壹窮鳥賦且公且侯子子孫孫正用假樂詩意作宜爲俗本也

民之攸塈

正義釋詁云呬息也某氏曰詩云民之攸呬舊作塈郭璞曰今東齊呼息爲呬則塈與呬古今字　按塈者字之假借非古今字

而無永嘆

按傳民無長嘆猶文王之無侮也謂皇矣末章四方

以無侮也孔沖遠譌作無悔云即其德靡悔非是且
其德靡悔毛詩言王季非言文王
何以舟之
按舟之言昭也以玉瑤昭其有美德以鞞琫昭其德
之有度數以容刀昭其有武事
取厲取鍛
釋文說文云碫厲石字林大喚反　按今本說文誤
作碫乎加反毛傳碫鍛石也鄭申之云鍛石所以爲
鍛質也經當作碫傳當作鍛石今本經譌鍛傳中脫
碫字毛云碫是鍛石說文云碫是厲石其說不同而

丏八八

毛爲是

止旅迺密

傳密安也　按說文宓安也宓是正字密是假借字

密山如堂者也宓从宀必聲今俗讀宓子賤之宓如

伏者聲韻轉移正如苾芬孝祀韓詩作馥芬也宓子

賤之後爲漢伏生

芮鞫之即

周官經其川涇汭鄭注引詩汭坈之即漢書地理志

右扶風汧縣芮水出西北東入涇詩芮阸雍州川也

師古曰詩芮鞫之即韓詩作芮阸　按詩箋芮之言

內也周禮注及漢書皆以芮爲水名坈阢同鞫其假
借字也
泂酌彼行潦
傳泂遠也　按說文迥遠也知是假泂爲迥
可以餴饎
正義引說文饙一蒸米也餾飯气流也今說文餴滫
飯也或作饙或作餴
似先公酋矣
按當作遒說文遒迫也亦作遒
茀祿爾康矣

傳茀小也箋云茀福爾雅祓福也郭注引詩祓祿康
矣　按毛依爾雅釋言當作芾芾小也甘棠傳蔽芾
小貌鄭依爾雅釋詁以茀爲祓之假借

鳳皇于飛

說文引鳳皇于飛翽翽其羽唐石經鳳皇于飛鳳皇
鳴矣皆作皇　按爾雅鶠鳳其雌皇說文鶠鳥也其
雌皇一曰鳳皇也顏元孫干祿字書皇鳳皇正字俗
作凰廣韻鳳凰本作皇詩傳雄曰鳳雌曰皇几古書
皆作鳳皇絕無凰字凰字於字書無當考揚雄蜀都
賦有鶠字晉有鶠儀殿視凰字爲雅

雝雝喈喈

爾雅噰噰喈喈民恊服也釋文噰本或作雍又作廱

按說文邕四方有水自邕成池者雝雝𩿧也廱天子饗飲辟廱也雝隸變爲雍借爲雍和雍塞辟雍而辟廱本字亦借爲和義又别製嗈噰𪅝等字漢蔡邕字伯喈是漢人作邕邕喈喈也

憯不畏明

說文朁曾也从曰兓聲詩曰朁不畏明　按詩憯莫懲嗟胡憯莫懲憯不知其故皆宜作朁同音假借也

說文憯痛也義别

以謹惽怓

說文作怋怓今本說文釋文皆有脫誤

無然泄泄

五經文字緤本文從世緣廟諱偏旁今經典並準式例變據此則緤本作絏洩本作泄齛本作齥說文無洩緤齛字唐石經洩洩其羽桑者洩洩無然洩洩不可從也

民之方殿屎

釋文殿說文作唸屎說文作吚爾雅殿屎呻也釋文說文作唸吚五經文字說文作吚　按今說文引詩

民之方唸吚　玉篇廣韻亦作唸吚

民之多辟無自立辟

按傳辟法也之上不言辟僻也蓋漢時上作僻下作辟故箋云民之行多爲邪僻乃汝君臣之過無自謂所建爲法也各書徵引皆上僻下辟釋文亦云多僻匹亦反邪也立辟婢亦反法也自唐石經二字皆作辟而朱子倂下字釋爲邪矣

及爾出王

傳王往　按以王爲往之假借也

侯作侯祝

按毛傳作祝詛也四字一句言侯作侯祝者謂作祝詛之事也詛是祝之類故兼云詛經文三字不成句故作字之下益侯字以成之詩中如此句法甚多如迺慰迺止箋云乃安隱其居迺宣迺畝箋云時耕曰宣乃時耕其田畝爰始爰謀箋云於是始與豳人之從已者謀陸孔以毛傳作字爲逗祝詛也爲句大誤

女炰烋于中國

按炰烋之言狍鴞也山海經曰鉤吾之山有獸焉名曰狍鴞是食人郭注爲物貪惏象在夏鼎左傳所謂饕餮是也

内奰于中國

說文作㬥从三大三目今詩作奰者𧅑省也或从三

四从犬則非矣張衡左思賦内𧇾屓之𧇾即㬥之譌

正義引張衡賦巨靈奰屭以流河曲

無言不讐

按當作左氏傳憂必讎焉之讎

尚不愧于屋漏

箋云屋小帳也　按此當作幄說文無幄字

淑慎爾止不愆于儀

按左氏襄三十年傳引詩淑慎爾止無載爾僞杜預

以爲逸詩然則非此詩之異文也

實虹小子

傳虹潰也　按召旻蝨賊内訌傳同

秉心無競

韻補競其亮切開元五經文字讀僵去聲詩秉心無

倞無倞維人今作競

荓云不逮

荓蓋伻字之假借

好是家嗇力民代食

按鄭不云稼穡當作家嗇則毛本作家嗇也傳云力

民代食無功者食天祿也鄭申其意而王肅所見之本誤衍一代字鏞堂按代字即王肅所增云代無功者食天祿也因曲爲之說曰有功力於民代無功者食天祿且改家嗇字从禾而不知代無功食天祿語最無理豈毛公而爲之乎

朋友已譖

箋云譖不信也則當作僭鏞堂按正義本作僭釋經云僭差釋文譖本亦作僭

反予來赫

毛作赫鄭作嚇

涼曰不可

按釋文職涼毛音良薄也鄭音亮信也下同所云下同者即此涼曰之涼是陸本皆作涼也正義上云毛以爲下民之爲此無中和之行主爲偷薄之俗此云我以信言諫王曰汝所行者於理不可是孔本上章作涼此章作諒以上章鄭易涼爲諒而此章毛本作諒非關鄭易也唐石經上作涼此作諒蓋從孔本然由文義求之恐未得毛意

秏斁下土

說文有秏無耗玉篇秏減也敗也引此詩廣韻秏俗作耗　按箋云斁敗也說文殬敗也引商書彝倫攸

殬與厭斁字別

寧丁我躬

戴先生云寧之言乃也

如惔如焚

章帝紀今時復旱如炎如焚章懷注引韓詩如炎如

焚　按韓詩作炎爲善說文炎燎也傳云惔燎之也

蓋毛亦作炎也上文赫赫炎炎本或作惔是其明證

寧俾我遯

釋文本亦作遂　按周易遯鄭作遂

則不我虞

按虞娛同字之假借也詩序云以禮自虞樂鏞堂按箋云虞度也夫會不度知我心箋義爲長抑用戒不虞毛傳不虞非度也閟宮無貳無虞箋云虞度也是毛詩虞度字作虞虞出其東門聊可與娛毛傳娛樂也絲衣不吳不敖毛傳吳譁也正義本作不娛娛云人自娛樂必讙譁爲聲是毛詩娛樂字作娛二字不相假借

有嘒其星

說文譓聲也詩曰有譓其聲　按如史所云赤氣亘天砰隱有聲之類也今作有嘒其星殆非

往迉王舅

唐韻正曰會言近止往近王舅皆附近之近而非迉也　按釋文於近字每云附近之近者皆以別諸上

聲之近遠而非别諸近字也古以遠近讀上聲親近讀去聲往近王舅蓋言往已王舅也古音同部假借此借近爲已傳以巳訓近猶淇奥借簀爲積傳以積訓簀板借王爲往傳以往訓王箋又從而申明其説耳詩彼其之子左傳引作彼已禮記引作彼記大叔于田箋云忌辭也讀如彼已之子之已劉伯莊史記音義云丌古其字玉篇亓古其字説文丌讀若箕近讀與記同知其已記忌丌近字同在之咍部若近字乃在諄文部音轉讀若幾讀若祈在脂微部如會言近止與借邇爲韻如周禮九畿故書作九近周易月幾望或

作近望是也諄文與脂微近與之咍相去甚遠不相假借此詩如本近字則毛訓爲已鄭讀如記如何可通故近爲迡之譌其說不可易也

夙夜匪解

懈之假借

愛莫助之

按爾雅薆隱也從毛傳當作薆

鉤膺鏤鍚

說文引作鐊 按隸省作鍚

鞹鞃淺幭

曲禮素簚注簚覆笭也釋文簚本又作幭疏引既夕
禮乘惡車白狗幦玉藻君羔幦虎犆注幦覆笭也疏
詩大雅鞹鞃淺幭毛傳云幭覆式幭即幦也又周禮
巾車作𧜵但古字耳三者同也少儀拖諸幦注幦覆
笭也既夕禮鹿淺幦注幦覆笭周官經巾車犬𧜵鹿
淺𧜵然𧜵豻𧜵注𧜵覆笭也春秋公羊傳昭二十五
年以幦爲席何休注幦車覆笭　按說文幦𩊚布也
从巾辟聲周禮曰駹車犬幦韓奕當同儀禮禮記作
幦車笭字以幦爲正幭𧜵皆假借字簚又幭之變

鞗革金厄

按說文無鞗有鋚云鐵也一曰轡首銅也从金攸聲石鼓詩四車既安之下有鋚勒字焦山周鼎有攸勒字愽古圖周宰辟父敦銘三皆有攸革字薛尙功鐘鼎款識周伯姬鼎有攸勒字寅簋有鋚勒字疑毛詩鞗革皆鋚勒之譌鋚勒猶唐宋人所云金勒古鐘鼎鋚省作攸後人不知爲鋚之省輒製攸下从革之字蓼蕭傳鞗轡也轡下落首飾二字鋚所以飾轡首下云沖沖垂飾貌正謂此飾也革者勒之省轡首謂之勒勒馬頭絡銜所以繫轡故曰轡首孔氏釋轡首云馬轡所靶之外有餘而垂甚誤載見鞗勒有鶬傳有

鶬謂有法度也玉篇鞗轡也亦作鋚鞪靶也勒也亦作革鞪同鞪廣韻鋚紖頭銅飾又按爾雅轡首謂之革郭注轡靶勒也當云轡靶也革勒也說文轡馬轡也靶轡革也勒馬頭絡銜也羈馬絡頭也靮馬羈也銜馬勒口中也鑣馬銜也絡頭銜口統謂之勒所以繫轡故曰轡首轡革爲人所把故曰靶漢書王良執靶吳都賦回靶今人曰扯手亦曰轡頭古之靶也轡也皆自人所把言之也今人曰籠頭曰嚼口古之轡首也勒也羈靮也銜也皆自馬首言之也鄴中記曰石虎諱勒呼馬勒爲轡見廣韻知轡勒本爲二物又按

箋於釆芑云肇革轡首垂也於韓奕云肇革謂轡也
於載見云肇革轡首也絕無定說而釆芑尢誤轡可
言垂轡首不可言垂矣於載見云鎗金飾貌合於以
鋚飾勒之言　說文槅大車扼也考工記作鬲說文作槅西京賦商旅
聯槅潘安仁傳發槅寫鞍軶轅前也軥軶下曲者左傳襄十四年
射兩軥而還服注車軶兩邊义馬頸者杜注車軶卷
者昭二十六年射之中楯瓦繇朐汰輈輈入者三寸
杜注入楯瓦也朐車軶朐即軥之假借小爾雅衡扼也扼上
者謂之烏啄當作扼上也扼下者謂之烏啄釋名馬曰烏啄下向义
馬頸似烏開口向下啄物時也戴先生釋車軶謂之

衡衡下烏啄謂之軥大車謂之軶謂之鬲按此詩作厄者軶之假借傳厄烏噣也烏噣即小爾雅釋名之烏啄也古啄噣通用如爾雅生噣雛王逸九歎注引作生啄釋文噣沈音晝是沈重讀不濡其噣之噣陸氏雖誤引爾雅而云噣爾雅作蠋是陸尚未譌爲蠋也鞹以爲鞃虢以爲幦鋚以飾勒金以飾軶本四事也徐廣曰乘輿車文虎伏軾龍首衡軶續漢輿服志作衡軶索隱曰謂金飾衡軶爲龍按文虎伏軾即經之虢幦金飾衡軶即經之金軶鄭箋不用毛說以厄爲搤之假借云鞗革轡也以金爲小環往往纏搤其轡合鞗革金厄爲一事正義乃以噣

譌蠋妄云厄烏蠋爾雅釋蟲文厄大蟲如指似蠶金厄者以金接轡之端如厄蟲然其說致爲無理爾雅蚅蝎蠋字皆从虫與毛傳厄烏噣奚翅風馬牛不相及陸孔之牽合誤甚或曰上文曰錯衡矣又曰金軛不爲複與曰衡謂橫木軛謂下向乂馬頸之軥史記索隱引崔浩云衡車扼上橫木也是衡爲一物扼即軥爲一物也屈原賦戴氏注云軛衡下兩軥也衡亦通謂之軛又士喪禮楔貌如軛上兩末疏云如馬鞅軛馬領鄭注云今文軛作厄此可見軛爲正字厄爲假借不識箋詩何以不知厄即軛也

出宿于屠
說文鄌左馮翊郃陽亭　按言左馮翊郃陽縣之鄌亭也一本作鄌陽亭誤困學紀聞所引同誤
炰鼈鮮魚
說文鮮魚名𩹘新魚精也　按周官經𩹘薧
其蔌維何
說文𩞁鼎實惟葦及蒲或作餗从食束聲
韓侯顧之
傳顧之曲顧道義也惠定宇曰列女傳齊孝公迎華氏之長女孟姬於其父母三顧而出親授之綏自御

輪三曲顧姬輿遂納於宮淮南子氾論昔蒼梧繞娶妻而美以讓兄此所謂忠愛而不可行也高誘注蒼梧繞乃孔子時人以妻美好推與其兄於兄則愛矣而違親迎曲顧之義故曰不可行也　按白虎通亦曰必親迎御輪三周下車曲顧者防淫泆也

緜緜翼翼

按常武載芟之緜緜韓詩皆作民民小旻緜之膴韓詩皆作腜知四家詩字各有義例

懿厥哲婦

按此借懿爲噫與十月之交借抑爲噫同也抑懿同

在十二部入聲大雅抑外傳作懿

舍爾介狄

傳狄遠也　按以爲逖之假借

不弔不祥

箋云弔至也　按鄭作迅

草不潰茂

按毛云潰遂也與是用不潰于成傳同箋云潰當作

彙非

職兄斯引

傳兄兹也　按桑柔傳兄兹也常棣傳況兹也並同

子十七

韋昭國語注況益也說文茲艸木多益也

詩經小學卷第三

臧鏞堂録

詩經小學卷第四

金壇段氏

頌

假以溢我

按爾雅溢愼謐靜也又毖神溢愼也尚書惟刑之恤史記作惟刑之靜徐廣曰今文尚書作惟刑之謐此詩或作謐或作溢或作恤皆靜愼之意也作誐作何作假乃是異文左傳引詩何以恤我杜注云逸詩不以爲此篇異文朱子集傳合爲一是也而文王之神何以恤我其訓非也

維周之祺

按此從古本作祺祺作禎者恐是改易取韻鏞堂按正義曰定本集注祺字作禎是毛詩作維周之禎三家詩作惟周之祺爾雅祺祥也某氏注引詩可證

天作高山大王荒之

傳大王行道能安天之所作也　按此傳有脫文當云大王行道能大之文王又能安天之所作也鄭箋彼作謂萬民毛公則仍承首句作字正義云毛以爲大王居岐長大此天所生者彼萬民居岐邦築作宮室者文王則能安之孔訓彼作失傳意而可證毛傳有脫荒訓大康訓安也國語鄭叔詹曰周頌天作高

山大王荒之荒大之也大天所生可謂親有天矣荀子王制篇引詩天作高山大王荒之彼作矣文王康之楊倞注荒大也康安也言天作此高山大王則能尊大之文王又能安之天論篇引此詩注亦云大王能尊大岐山皆可證

既右饗之

按俗本作享非經典凡獻於上曰享食所獻曰饗如楚茨以享以祀下曰神保是饗此我將我享下曰既右饗之閟宮享以騂犧下曰是饗是宜尤顯然可證

懷柔百神

按宋書樂志宋明堂歌謝莊造登歌詞曰昭事先聖懷濡上靈然則六朝時本作懷濡百神也柔濡古音同是假濡爲柔當從集注本作濡注爾雅者引懷柔百神易其字也鏞堂按毛詩作懷濡三家詩作懷柔樊光注爾雅引用皆非毛詩

貽我來牟

說文來周所受瑞麥來麰一朿作束誤二縫象芒朿之形天所來也故爲行來之來詩曰詒我來麰　按一朿二縫或作一朿二縫或作一來二縫而正義引說文作一麥二夆均不可解考廣韻引埤蒼作一麥二稃亦有誤當作二麥一稃乃合一稃二米者后稷之

嘉穀也一稃二麥者后稷之瑞麥也三苗同穗者成王之嘉禾也見尚書大傳旁出上合者漢時之奇木也說文當作二麥一稃二一互誤稃縫者晉之譌又从朿者象其芒朿之形一朿二稃言二麥同一穎芒也

鞉磬柷圉

說文敔禁也一曰樂器椌楬也形如木虎从攴吾聲

和鈴央央

東京賦和鈴鉠鉠李引毛詩和鈴鉠鉠玉篇廣韻鉠

鈴聲

佛時仔肩

傳佛大也　按此以佛爲廢之假借古廢佛音同釋詁廢大也四月廢爲殘賊傳廢大也用正字此佛時仔肩用假借字箋云佛輔也又以爲弼之假借鏞堂按此以佛爲廢之假借四月則以廢爲怽之假借古廢佛怽皆同部聲相近

莫予荓蜂

爾雅甹夆掣曳也　按毛傳作𢶍曳說文𢶍引縱也

有略其耜

爾雅䂮利也釋文䂮詩作略　按說文剟刀劒刃也籀文作䂮

有俶其馨

按傳云飶芬香貌也舊作俶猶飶也俶字正取其香始升芬芳酷烈之意與飶字相配若作椒爲物與飶字異類傳不得云猶飶也詩言有苑有薁有鴿有敦瓜苦有俶其城句意皆同今從沈作俶字飶言香之貌也俶言馨之貌也

有捄其角

當作觩

不吳不敖

按方言吳大也吳之爲大於聲求之大言爲吳物之大者亦曰吳屈賦齊吳榜以擊汏王逸注齊舉大櫂

也

我龍受之

傳龍和也　按此及長發毛以龍爲雝之假借故曰

和也

婁豐年

今本作屢釋文唐石經作婁宋婁機班馬字類引詩

婁豐年角弓釋文婁本亦作屢

駉駉牡馬

考周官馬政絕無郊祀朝聘有騭無騲之說校人職

云凡馬特居四之一鄭司農云三牝一牡康成云欲

其乘之性相似也此云凡馬兼指六種五路之馬又康成計王馬之大數而引詩騋牝三千何嘗謂五路之馬無騲歟良馬通謂五路之馬倘皆無騲則通淫游牝豈專爲駑馬良馬豈皆駑母所生康成何以云種馬謂上善似母者也今俗以騋騭爲良自是尙力五路之馬皆不尙强且序云牧于坰野傳云牧之坰野則駉駉然正義云駉駉然腹幹肥張者所牧養之良馬也經文作牧爲是顏氏說誤據釋文則今本說文駫下引駫駫四牡唐時本作駫駫牡馬與今詩絕異云說文作驍不可考

在坰之野

說文駉牧馬苑也詩曰在駉之野　按許意言在駉之野卽在野之駉倒句以就韻

有驈有皇

爾雅黃白騜　按說文驈下引詩有驈有騜而無騜字蓋或有闕遺

薄采其茆

廣韻三十一巧茆鳧葵說文作茆音柳又四十四有引詩言采其茆

狄彼東南

按栁用逷蠻方傳逷遠也左傳糾逖王慝

食我桑黮

說文黮桑葚之黑也　按當同衞風作葚

憬彼淮夷

說文矍讀若詩云穬彼淮夷之穬　按釋文憬說文作懬今說文懬下不引此詩葢穬當爲懬也

閟宮有侐

箋云閟神也　按說文祕神也鄭以閟爲祕之假借

稙稺菽麥

郭注方言稺古稚字五經文字云說文作稺字林作

稺說文稙下引詩稙稚尗麥

實始翦商

說文戩滅也引詩實始戩商　按傳翦齊也毛意正

當作𠝣

保有鳧繹

尚書及說文作嶧爾雅屬者嶧

庸鼓有斁

傳大鍾曰庸爾雅大鍾謂之鏞說文大鍾謂之鏞鏞堂

按古文尚書笙庸以間作庸與毛詩合又爾雅李巡

注曰大鍾音聲大鏞大也孫炎注曰鏞深長之聲是

古本爾雅亦祗作庸

金旁蓋後來所加

執事有恪
說文作愙从心客聲
既戒既平
傳戒至　按此以戒爲屆之假借字也屆訓至而戒不訓至戒在一部屆在十五部異部假借也爾雅艐至也艐說文讀若辠郭注方言艐古屆字亦合二字爲一本非一字也
鬷假無言
傳鬷總假大也　按言鬷爲總之假借字鬷釜屬孔沖遠云鬷總古今字非也又禮記嘏長也大也卷阿

傳嘏大也賓筵傳嘏大也此本字也那傳假大也烈祖傳假大也皆以假爲嘏之假借字也楚茨傳格來也抑傳格至也此本字也雲漢傳假至也泮水傳假至也烝民元鳥長發義同此皆以假爲格之假借字也

奄有九有

韓詩作九域　按有古音如以域爲其入聲毛公曰囿所以域養禽獸也囿域亦於音求之

受命不殆在武丁孫子

按大戴禮用兵篇引詩校德不塞嗣武于孫子盧注

以爲逸詩恐即二句之異文也
邦畿千里
尚書大傳圻者天子之竟也諸侯曰竟鄭注周禮方千里曰王圻詩曰邦圻千里惟民所止見路史國名紀信儀禮經傳通解續
爲下國綴旒
說文游旌旗之流也从㫃汓聲旐旌旗之流也从㫃攸聲無旒字
敷政優優
說文心部㥑愁也从心从頁夊部憂和之行也从夊

𢚧聲詩曰布政憂憂　按俗以憂爲𢚧愁字

不戁不竦

傳竦懼也　按當作愯說文愯懼也雙省聲

實左右商王

俗有佐佑字說文所無

冞入其阻

說文网部罙周行也从网米聲引此詩五經文字說

文作罙隸省作冞見詩　按今隸應作冞各本作冞

或作𥥍誤又廣韻罙罟也冞冞入也冒也周行也分

別誤

方蹏是虔

傳虔敬也箋云榩謂之虔　按爾雅榩謂之樓釋文

樓本亦作虔然則爾雅本有止作虔者

詩經小學卷第四

臧鏞堂録

甘泉　林慰曾同校

大

段玉裁詩經小學研究[一]

虞萬里

壹　詩經小學的版本和著年

一、版本

詩經小學是段玉裁中年的一部著作，清史稿藝文志著録「詩經小學四卷」。現今通行的是皇清經解四卷本。拜經堂叢書亦收有「詩經小學四卷」，題「段玉裁撰」。讀臧庸刻詩經小學録序，知乾隆五十六年（一七九一），段玉裁古文尚書撰異三十二卷寫成，遊常州，携撰異屬臧庸校讎，臧爲參補數條，劉台拱見後謂段氏云：「錢少詹（大昕）籤駁多非此書之旨，不若臧君箋記持論正合也。」段因又以詩經小學全書數十篇授臧，臧復「爲删繁纂要，國風、小大雅、頌各録成一卷」。段見而喜曰：「精華盡在此矣，當即以此付梓。」嘉慶四年（一七九九）十二月，臧氏典衣聚資，刻詩經小學節録本於廣東南海縣，以報「十年知己之德」。道光六年（一八二六），阮元命嚴杰輯皇清經解，詩經小學四卷本被收入其中，後便廣爲流行。至於當時臧氏删録、刊成之後，是否將原稿三十卷奉還段玉裁，臧序未言。劉盼遂先生在段玉裁先生年譜「嘉慶四年」條下云：「按

[一] 編者案：本文原爲紀念段玉裁誕辰二百五十周年學術討論會論文，曾於辭書研究一九八五年五、六期連載，後收入榆枋齋學術論集。今得作者同意，附録此文於本書之末。今以榆枋齋學術論集本爲底本進行録入整理。

臧刻本即今皇清經解四卷本，其全書爲三十卷……今不可復見矣。」讀此未免令人扼腕。然販書偶記卷一「詩類」下著録「詩經小學三十卷，金壇段玉裁撰，道光乙酉抱經堂刊」，孫氏博覽，必非虚語。據毛詩校勘記序「引用諸家」欄有「段玉裁校定毛傳三十卷，又詩經小學三十卷」，説文解字注卷十五下亦云「好其（戴震）學，師事之，遂成……詩經小學卅卷、毛詩故訓傳略説卅卷」，知此書作時確有三十卷。此後，筆者得讀三十卷本於上海圖書館，書前右上題「道光乙酉年春鐫」，左下署「抱經堂藏版」，知與孫氏所見相同。尤可貴者，此書卷一、十一、二十一各有印章二方，一爲「淮海世家」陽文，一爲「高郵王氏藏書印」陰文。書後有「蘇州閶門外桐涇橋西青霞齋吴學圃刻」字樣二行。段、王並擅乾嘉樸學之名，二人交誼甚深，刻書互序互贈。道光五年（一八二五），段氏已殁十年，王念孫八十二歲。此書之刻，段子孫必亟寄王氏，故知此書爲王念孫藏本。又卷一、八、十八、二十五各有陽文印章二方，一爲「蔣抑卮藏」，一爲「合衆圖書館藏書印」。此二印可考見王氏藏書散失後流傳之迹。〔一〕此書款式每半頁十行，行二十字。引詩經之文皆頂格，注文低一格行。三十卷分裝四册。詩經小學是段氏早期著作，其或精或粗、或是或非，反映了段氏治小學的過程。臧氏删削雖經段氏本人讚許，畢竟已失原貌，故本文所論，卷次序列一以道光本爲主，祇在必要時，才提及四卷本（簡稱「臧節本」）。

〔一〕蔣抑卮，名鴻林，以字行，又字一枝，亦作抑之，浙江杭州人。銀行家。好藏書，曾從章太炎學。與葉景葵、張元濟友善。上海合衆圖書館籌建時，曾許以藏書相贈，後其子秉遺志贈書二千五百餘部。合衆圖書館爲編杭州蔣氏凡將草堂藏書目録一卷，此乃王氏家藏道光乙酉（五年，一八二五）本詩經小學歸上海圖書館之軌迹。

二、撰著動機和年月

書富順縣縣志後云：「丙申（乾隆四十一年，一七七六）二月，金酋平，民氣和……予乃能以其餘閑成詩經小學、六書音均表各若干卷。」[一] 時段氏四十二歲，在富順縣任事，因得暇而成此二書。其中六書音均表是將前著詩經韻譜、群經韻譜等擴充而成，衹能算作訂補，且四十一歲時已定稿，其主要精力，似在詩經小學（以下簡稱小學）一書。推原段氏作此書的動機，一是他三十三歲時，與弟玉成取毛詩細繹之，知顧、江二氏分韻有未盡，遂迻書、詩等所用字區別爲十七部，成詩經韻譜、群經韻譜各一帙，此後又不斷訂補，對詩經已很熟悉。二是三十八歲奉命發四川候補，轉道西安，於七月四日至西安學府觀石經，[二] 八月至成都，恒欲尋訪古迹及孟蜀廣政時所刻石經，以爲能見殘碑破字於荆榛瓦礫中，亦讎校之助。後張賓鶴告以親見黄松石藏蜀石經毛詩全部，與世間本絶異，因默識於懷。[三] 今從小學中可見其對詩經極熟，時用其古韻理論來解釋，並絶多異文的羅列，其撰著動機原於上述兩因，尤爲明白。

小學據段氏自述成於乾隆四十一年，今考足本小學，有以下數處值得注意：

（一）卷五「倚重較兮」條下云：「庚子（乾隆四十五年，一七八〇）正月定此條，二月内

[一] 經韻樓集卷九，嘉慶間七葉衍祥堂刊本。
[二] 見詩經小學卷五「遠兄弟父母」條下記。
[三] 見經韻樓集卷一跋黄蕘圃蜀石經毛詩殘本。

閲文選西京賦。」

（二）卷十七「薄獸于敖」條下云：「又按玉裁考得已上諸條，於庚子四月見惠定宇（棟）九經古義。」

（三）卷十九「哆兮侈兮」條下云：「又按……壬子七月（乾隆五十七年，一七九二）閲臧氏琳經義雜記，因爲定説如此。」

（四）卷二十三「昭兹來許」條下云：「玉裁此書成後，乃見惠定宇九經古義，其説正同……癸卯（乾隆四十八年，一七八三）九月初六日識。」

（五）卷二十九「新廟奕奕」條下云：「乙巳（乾隆五十年，一七八五）五月讀蔡氏獨斷。」

上引五條均是在原注之後空一格而行之文，其他如「玉裁按」之後空一格復有「又按」「玉裁又按」之文頗多，此皆後來增補之迹。可見此書雖説成於四十二歲時，其後逢有心得，續有增益。

貳　詩經小學釋例

原本小學卷次是緣詩經體例而分的，其中十五國風爲十五卷，小雅爲七卷，大雅爲三卷，周頌爲三卷，魯頌、商頌各爲一卷，合爲三十卷。書雖題名爲詩經小學，但其中不僅就詩經用字的形、音、義進行討論，還旁涉説文、校勘等方面。現歸納如下：

一、僅列出詩經的異文

如卷二十三「此維與宅」條下云：「論衡引作『此維與度』。」別無其他解釋。也有並列二三以至六七種異文而不加說明者，或以援引之書所釋爲釋者，卷四「我特」條下云：「釋文曰『韓詩作直，云相當值也』。」此類在全書中占很大比重：卷十八凡三十四條中有十條，卷十九凡八十三條中有三十條左右。

二、列出詩經異文而復加以解釋

如卷二十三「筑城伊淢」條下云：「陸德明曰韓詩『筑城伊洫』。玉裁按：從韓詩則字義聲韻皆合矣，史記河渠書溝洫字亦作淢。」按，洫在六書音均表第十二部，此與下句「作豐伊匹」之「匹」相諧，匹亦十二部字，故云「字義聲韻皆合」。淢本義爲疾流，在一部，毛詩用假借字，故引史記以證。書中凡解釋異文，多利用古韻十七部來評判。

三、引石經漢碑證

唐石經已作爲段氏撰著此書的主要參考書，此外，段氏認爲「漢碑多異體」，故多引隸釋中的漢碑資料來印證詩經。如卷九「坎坎伐輪兮」條下云：「石經魯詩殘碑『欿欿伐輪兮』。」又卷二十「億」條下引孔宙碑、巴郡太守張納碑等六種漢碑來說「億」之正字。皆爲篤論。

四、指出諱字

凡唐石經中牽及唐諱之字，皆表而出之。如卷一「棄」條下云：「玉裁按：唐石經皆作『弃』，以隸書『棄』字中有『世』字，避廟諱也。」

五、辨别俗字、古今字

如卷二十四「鳳皇」條下云：「玉裁按……顏元孫干禄字書曰『皇，鳳皇正字，俗作凰』。廣韻曰『鳳凰，本作皇』……凡古書皆作鳳皇，絶無凰字。凰字於六書無當。」卷二十三「迺」條下云：「……明馬應龍本『乃召司空』『乃召司徒』，二作『乃』，餘作『迺』。玉裁按：説文『迺』『乃』異字異義，俗云古今字。」

六、説明假借字、正字

如卷八「發夕」條下云：「韓詩『發，旦也』。玉裁按：從韓是發夕即旦夕也。又按：方言『發，舍車也。東齊海岱之間謂之發』，郭注『今通言發寫』。詩發夕蓋猶發寫，古夕寫字皆在第五部，同部假借。」卷二十一「以我齊明」條下云：「玉裁按：此詩釋文云『本又作齍』，是正字。」

七、指出方言異字

如卷一「肄」條下云：「方言『枿餘也。陳鄭之間曰枿肄餘也，秦晉之間曰肄』。玉裁按：肄即枿字，方言異耳。説文作巘作櫱。」

八、解釋字詞

如卷二十「交錯」條下釋「錯」的本義，認爲本當作「逪遣」。繼而指出經典中用「錯」字多屬假借，列舉「獻酬交錯」「可以攻錯」「錯綜其數」「舉直錯枉」之「錯」，當分别作遣、厝、縒、措。又卷十九「翰飛戾天」條下引西都賦薛注所引韓詩「翰飛厲天」並注「厲，附也」。加按「厲天猶俗云摩天」，簡明切當。

九、用古音佐助解釋

如卷一「螽斯」條下用古韻解釋異文。卷三「濟盈不濡軌」條解釋「軌」字之誤是由於不知古合韻之理。

十、正誤

如卷五「盼」（「美目盼兮」之盼）條下云：「俗多訛作『昐』。」亦有引前賢之說正誤者，如卷八「辰夜」條引顧亭林說。其他則多爲對古文獻中涉及詩的文字進行辨正。此類甚多。

十一、引前哲時賢說

小學中引述前哲時賢說達一百餘處，其中有引以爲證者，有引而申發之者，亦有引而指其誤者。常引者如王應麟、顧炎武、戴震，偶引者如常璩、劉敞、趙宧光等。

十二、解釋說文

見下文「與說文解字注的關係」。

十三、闕疑

書中多次見有「俟考」「未詳」之字，此可覘段氏治學態度之一斑。

十四、參見

書中凡二條相關者，簡注「見某某」三字，不再贅複。如卷二十五「我心慘慘」條下云：「見『采芑』。」

叁　詩經小學與段氏其他著作的關係

一、與六書音均表的關係

六書音均表是段氏根據他三十三歲時所撰詩經韻譜、群經韻譜擴充而成的一部古音理論著作，與小學同時寫成於富順縣署。小學中許多關於古韻分合、古音通假的分析，是這部古音理論著作在實踐中第一次具體運用。由於這些古音理論的指導，使小學在某些立論上有了可靠的依據。如卷一「害澣害否」條云：「毛傳『曷，何也』。玉裁按：古『害』讀爲『曷』，同在第十五部。葛覃借『害』爲『曷』。長發『則莫我敢曷』，毛傳『曷，害也』，是又借『曷』爲『害』。」所謂「同部假借」「異部音近相假」等等，無不以音均表爲根據。

二、與毛詩故訓傳定本小箋的關係

讀毛詩故訓傳定本小箋（以下簡稱定本）題辭「玉裁宰巫山事簡所訂也」，知是書爲段氏四十四歲（乾隆四十三年，一七七八）在巫山縣任事時，因民事簡和，得暇而著，當時小學撰成已有兩年。段氏作定本，是因爲看到漢志録毛詩二十九卷、毛詩故訓傳三十卷，因而斷定「周末漢初傳與經必各自爲書」（定本題辭）。今見小學卷二「方之」條下云：「玉裁按：毛傳『方有之也』，四字一句，猶言『甫有之也』。故訓傳本與經別。合傳於經者，多有脱落。」可知這個思想在撰小學時已明確。此外小學中指出毛傳的本字，用音韻原理闡説、改正毛傳文字，評判毛鄭異同等等，也都爲撰著定本打下了基礎。而今比勘二書，可以看到：

（一）定本沿襲小學

如卷二十四「后稷」條，今本毛傳作「后稷播百穀以利民」，韋昭注國語「稷勤百穀而山死」引毛詩傳曰「稷，周棄也。勤播百穀，死於黑水之山」，段以爲「當據韋注補毛傳之脱文」。定本傳文據此而作：「后稷，周棄也。勤播百穀以利民，死於黑水之山。」並云：「今據補十字。」

（二）定本補小學所無

段氏著定本時，潛意毛傳，又有撰小學的根底爲基礎，故對毛傳的訂補改正，多出小學之外，可於書中隨處見得，無須贅舉。

（三）定本訂正小學武斷處

如卷十八「在彼空谷」條，韓詩作「穹谷」，毛傳云：「空，大也。」段依爾雅「穹，大也」之訓，而謂毛傳誤。又卷十九「不宜空我師」條，毛傳：「空，窮也。」段依詩七月毛傳云「穹，窮也」，因謂「此『空我師』當作『穹我師』，爲是傳訛，抑或假借，未可定也」。及作定本，兩處皆不改傳文，各於其下箋云：「此謂空即穹之假借也。」此見其認識轉臻詳密，態度亦趨謹慎。

三、與説文解字注的關係

研究小學與説文注的關係，應是段氏研究一個重要的方面，因爲小學是段氏早期著作，而説文注是他最後一部著述。雖然小學著成，即作説文注，但若以説文注著成之年計算，前後相隔三十餘年，這期間，段氏思想的變化發展是顯然的，而這種變化發展必然會在説文注中反映出來。

（一）説文注沿襲小學説

如卷十「洒埽」條下引説文「灑，汛也」「汛，灑也」「洒，滌也。古文以爲灑埽字」。段列舉詩經、論語、禮記等資料，對照説文，認爲「漢人用灑掃字，經典借洒滌字爲灑，用洒埽字」，並指出毛傳和韋注國語的「洒，灑也」即是「言假洒爲灑也」。説文注「洒」下所釋之旨依此，唯有所精簡，如「毛傳洒埽四見」，不再羅列原文。

（二）小學略而説文注詳

如卷十六「伐木許許」條下云：「説文『所，伐木聲也。从斤，户聲。詩曰：伐木所所』。」僅提出異文，不著一字。説文注「所」字下於解釋本義引申義後又説：「小雅伐木文，首章『伐木丁丁』傳曰『丁丁，伐木聲』。次章『伐木許許』傳曰『許許，柿皃』。此『許許』作『所所』者，聲相似，不用柿皃之説，用伐木聲之説者，蓋許以毛爲君，亦參用三家也。今按丁丁者，斧斤聲，所所，則鋸聲矣。」這裏將異文的關係和字義都簡明、準確地注出，較之以前僅列異文，不能同日而語。此類情況，比較兩書，俯拾皆是。

（三）小學誤而說文注正

如卷四「靈雨既零」條：「玉裁按……既零猶言既殘。說文『零，餘雨也』，廣韻作『徐雨』，誤。」此謂廣韻誤。說文注「零」下云：「徐，各本作『餘』，今依玉篇、廣韻及太平御覽所引纂要訂。謂徐徐而下之雨。」顯然已否定小學之說。小學中另有數條指責鄭玄、陸德明之誤，到了說文注中均謹慎不言，或以假借釋之。此可見其思想認識的發展。

（四）小學詳而說文注略

如卷十五「狼跋其胡」條下，先録李善西征賦注：「文字集略曰『狼狽猶狼跋也』。孔叢子曰『吾於狼狽見聖人之志』。」復云：「孔叢子『狼狽』謂狼跋之詩也。狽即跋字，跋、踑古通用。說文……無狽字，狽即踑之誤，因狼從犬而踑誤從犬。」繼而批評段成式酉陽雜俎狼狽爲二獸之說「迷誤日甚，不足與辨矣」。此條剖析入理，而說文注僅衹於「跋」字注中略提一句，殊失於簡，今特表而出之。

（五）作小學時已注重說文

詩經與說文有許多同字異體和同字異義，在小學中完全可不必涉及說文者，段氏亦注明說文如何如何。如卷二十二「民胥傚矣」條，段援引左氏傳昭六年引詩「民胥效矣」後，又云：「說文無『傚』字。」其他凡欲考證某說，逢說文有說者，往往引說文，遇說文中有什麼問題，亦隨處引而正之（雖然有些到後來自認不對，在說文注中已改正），此見段氏在著小學時，已很重視說文。

（六）作小學時尚未能全部掌握說文

段氏雖已很重視說文，由於此時尚未潛意其書，故就中亦有罅漏，如：卷三「泮」條謂「說文無『泮』字」，卷二十「日月方奥」條下謂「說文無『燠』字」。其實，「泮」「燠」二字，說文皆有。又有說文未誤而指爲誤者，此皆不熟說文、不明說文體例所致。及注說文，這些便得到了修正。

（七）作小學時整理說文的思想已經萌發

年譜謂小學成，即作說文解字讀，至六十歲時隱括爲說文注。今讀小學，可知當時已認識到說文的重要性，並想整理此書。卷十七「織文」條下有「詳說文校注」五字，或僅是思想而未付諸實踐，或已着手進行，爲說文解字讀的前名。

肆　詩經小學與清代其他詩經著作的關係

一、與毛詩校勘記的關係

十三經校勘記雖題阮元之名，而當時阮實未校一經，全由嚴杰、臧庸、顧千里等七人分任纂輯，毛詩校勘記（下簡稱詩校記）則由顧千里擔任。段顧交誼本來篤厚，阮元立「十三經局」輯校勘記時，延請段氏總其成，段即薦顧入局，後因「注疏合刻」的起源和一些版本上的問題，二人争執不下，遂成水火。據嚴杰說，校勘記成，阮元寄與段氏，段見顧之詩校記引用己說，不著其名，怒之，於顧所訂，肆行駁斥，故詩校記獨不成體。

今通觀詩校記，其雜亂牴牾，誠如嚴說。檢其明標「詩經小學云」「詳詩經小學」「見詩經小學」者有二十餘次（不包括毛詩釋文校記），但這些並非都是顧引段說，有一部分爲段所加。如「按，詩經小學言之詳矣」「按，詩經小學全書考『栗烈』當爲『溧冽』，其說甚詳。今坊間所行乃删本耳」（「全書」指三十卷本，「删本」指臧節本），此均爲段加無疑。段氏說顧引其說而未著其名，亦不盡然。「案詩經小學云……蓋以爲語字是也」「……詩經小學云……亦見經義雜記」，此等必是顧氏口氣。其他雖祇標「段玉裁云」，實即出於詩經小學者，亦復不少。總之，無論是顧引或段補，無論是「詩經小學云」還是「段玉裁云」，都可看出詩校記實質上是段、顧共著的一部「校勘記」，知此，則詩校記沿襲小學或發展小學思想的關係更爲明白。

二、與毛詩傳箋通釋的關係

馬元伯毛詩傳箋通釋（以下簡稱通釋）一書，顧名思義，似是對毛傳、鄭箋的解釋，其實此書既不盡從傳，亦不盡從箋，而是利用乾嘉考據成果，對詩經用字的形、音、義和名物、典制、天文、地理的綜合考證。此書撰著時，段氏的著作已爲人所重視，故書中時時徵引段說，或以爲是，或以爲非，或引而申發之。馬氏徵引時祇標「段玉裁曰」「段玉裁謂」，因而較難分清是引說文注、定本，還是小學，但下面這二條確是明白地引小學的：

通釋卷四「新臺有洒」條云：「段玉裁曰『洒與漼不同部，當爲首章有泚之異文……』，非也。」

「河水浼浼」條云：「段玉裁以韓詩『浘浘』爲上章『瀰瀰』之異文，但取字之同部，不知雙聲字古亦通用也。」

段玉裁後來在說文注「浼」字下，已據大雅文王及文選吳都賦李注等資料，對上録兩條作了修正，認爲「亹亹」即「浼浼」之異文。按亹、娓、浘三字同音，故段氏不再言「浘浘」爲首章異文。此見馬撰通釋確以小學爲參考書，而此二條之駁段雖有其理，實亦失檢於說文注，因而忽略了段玉裁的思想發展。

又卷七「彼黍離離」條雖不明言引段說，其承襲小學之跡，亦無疑義。

三、與詩毛氏傳疏的關係

陳奐本江沅弟子，因曾從江沅處閱六書音均表，被段氏稱爲「讀書種子」，後轉師段氏，關係日密。時陳奐年不滿三十，好學不倦，得出入段氏之門，獲益良多，後來治毛詩，撰詩毛氏傳疏（簡稱傳疏），將小學、定本之精華盡行採録。[一]今檢傳疏，凡引小學，皆題「詩小學云」，且陳所採之小學乃三十卷本，因爲卷七鄭風風雨「雞鳴膠膠」疏引詩小學云云，臧節本不録，唯足本卷七下有之。至於此引是據手稿，還是據道光五年刊本，不可得知，因陳氏自嘉慶二十三年

[一] 詩毛氏傳疏採說文注尤多，然多直接出「段注」字樣。

（一八一八）起治毛詩，是先編義類，至道光十五年（一八三五）始隱括爲傳疏。

今覆傳疏與小學的關係，可略得如下三點：

（一）直接引用

如鄭風風雨「風雨瀟瀟」條下云：「詩小學云『考說文無瀟字。廣韻屋、蕭韻皆有瀟字，無瀟字……』案段說是也。」

（二）引定本，實本小學

如小雅常棣「外御其務」傳：「御，禦；務，侮也。兄弟雖內鬩，而外禦侮也。」傳疏云：「御禦以下十五字，各本作箋，小箋云『作正義時未誤』，今訂正。」小學卷十六「外御其務」條下云：「又『御禦也務侮也兄弟雖內鬩而外禦侮也』十六字當是傳文，今注疏冠以『箋云』二字，恐誤衍。」可知當時已有訂正，第未確定，後得國語之證，遂成定說。

（三）不標從小學而實本小學之說

如小雅天保「俾爾單厚」傳：「單，信也。」傳疏：「單有信、厚兩訓，皆亶之假借也。桑柔正義及潛夫論愼微篇引詩作『亶』，爾雅亶，信也……」按小學卷十六「單厚」條下云：「毛傳『單，信也』。玉裁按，釋詁云『亶，信也』，是毛傳以單爲亶之假借字也……玉裁按，詩『逢天僤怒』，毛云『僤，厚也』，正義引釋詁云『亶，厚也』，某氏曰：詩云『俾爾亶厚』。」陳氏出入江、段之門，得見小學全本及定本，又負責過說文注的校勘，疑其作詩毛氏義類時，旁採博徵，將小學、定本、説文注等散入其中，今傳疏標明引小學者不多，然細尋脈絡，其迹仍不難發現。

四、與毛詩後箋的關係

涇縣胡承珙專意於毛詩傳，與陳奐友善，兩人往復討論，陳深得段旨，故胡氏作毛詩後箋（以下簡稱後箋），亦廣採段説。後箋中或稱「段懋堂曰」，或稱「段氏詩小學曰」「段氏詩經小學曰」。如卷四「不可襄也」條引「段氏詩小學曰『古襄、攘通』。史記龜策傳『西襄大宛』，徐廣曰『襄，一作攘』」即是。亦有不注明小學而實源於小學者，如卷二「召伯所茇」條謂「茇」乃假借字，即本小學卷二「召伯所茇」條之説。

五、與詩經異文釋、三家詩異文疏證等書的關係

小學中較特出的一點，乃是儘量羅列有關詩經的異文。嘉興李富孫湛深經術，著有七經異文釋，其中詩經異文釋十六卷，蒐輯不遺餘力，徵引亦詳，而所引尤以段説爲多。卷一「葛之覃兮」下引段氏曰：「陸雲詩『思樂葛藟，薄采其蕈』，其蓋用葛蕈字。」今考小學卷一「葛之覃兮」條下「玉裁按」云云，正李氏所引，而此條臧節本不録，詩校記於此無校，説文注「蕈」下亦無説，可見李氏所據小學乃是三十卷本。

除李氏外，馮登府、張慎儀、陳喬樅等人有關詩經著作皆於小學多所徵引。可見小學溉澤乾嘉以後有關詩經研究著作，亦可謂大矣。

伍　詩經小學的價值

一、在段氏研究中的地位

段玉裁一生精粹在於説文注，而説文注的基石却是詩經小學。當其三十三歲因音學五書、古韻標準二書的啓發而作詩經韻譜、群經韻譜時僅是從韻部上着眼，尚未涉及其他。而小學的寫成，使得段氏研究古文獻所注重的範圍從音韻擴展到異文、正字、俗字、古今字、通用字、方言、本義引申義假借義、校勘、石經漢碑等領域，形成了一套系統的研究方法。

（一）第一次將自己的古音理論在研究中演繹運用，説文注中注明每個字的古韻部的思想發軔於此。

（二）全面、系統整理説文的思想已經確立（或已着手進行）。

（三）接受戴震的轉注理論並已用之於實踐，開説文注中大暢戴旨的先聲。由此可見，要研究説文注、要研究段玉裁的思想及其發展，小學有其不容忽視的地位。

二、在詩經研究中的地位

在汗牛充棟的詩經研究著作中，大多是探求詩意、詩旨，而於文字的同異、音義的訓解關注甚少。漢代詩經今古文在文字上的異同，在鄭玄手裏，漸趨消融，幸虧陸德明的經典釋文保存了許多異文和音義訓詁，使得宋代王應麟勾勒三家詩的異文異義有所憑藉。清初顧炎武、黄宗羲、王夫之三大家對詩經的研究，主要在於批判宋明理學。顧炎武詩本音雖已涉及異文、義訓，宗旨却在於詩的諧韻。他們都還没有精力來顧及詩的校勘和形、音、義的考據。段玉裁生於乾嘉考據盛世，以壯年充沛的精力，著成詩經小學一書。它的出現，是詩經研究在文字的形音義和校勘等方面進入乾嘉考據時期的標志。段玉裁晚年雖然没有精力對這部書作最後的訂補，使它本身存在着已經可以改正而未能改正的錯誤，但它對於以後的詩經研究仍有着較大的影響和作用。

第一，企圖恢復漢代詩經、傳分行的思想萌發於此。

第二，注釋文字，辨別正字俗字、假借字以及本義、引申義等成果，已爲以後的傳疏、通釋、後箋等幾部有影響的詩經研究著作所吸取，爲正確理解詩經提供了參考資料。

第三，它的許多校勘成就體現在詩校記中，隨着阮本十三經注疏，在詩的校勘史上有其貢獻。

第四，從詩考對異文的蒐輯，到李富孫、馮登府等人的詩經異文的專門著作的興起，小學是紐帶，它在詩經研究轉化到漢語語言研究上起了一定作用。小學的精華雖被後來的詩經著作吸取融化，但它在詩經的研究史中，仍應有其應有的地位。

陸　道光本與臧節本的異同和關係

一、臧氏刪録條例

臧庸刻詩經小學録序云：「詩經小學全書數十篇，亦段君所授讀，鏞堂善之，爲刪煩纂要，國風、大小雅、頌各録成一卷，以自省覽。」[一]可見臧氏節録之意在於「以自省覽」。比勘小學原書與臧節本，可將其刪録之例歸結爲簡、併、補、刪、改、按六種。

（一）簡

指書名用簡稱。如説文解字簡稱説文；經典釋文簡稱釋文。毛傳、鄭箋亦簡作傳、箋。玉裁按，簡作按。

（二）併

指將二條併爲一條。小學之意原在字詞的解釋上着意，故有時將詩經中一句句子分作二條，如「俟我於城隅」，小學卷三分作「俟」「於城隅」二條，分別解釋「俟」「於」二字。臧氏歸併爲一條。

（三）補

指補出詩經完整的句子。小學標詩句，往往衹標需作解釋的一兩個字，臧節本補出全句，使

[一]　拜經堂文集卷二，民國庚午（十九年，一九三〇）三月上元宗氏影印本。

人便於索查，亦不致誤解。如卷二十一「樂胥」條，臧作「君子樂胥」（小雅桑扈文）。

（四）删

首先是删條目，小學全書本有一千二百五十餘條，臧氏録成四百零七條（其中有的是「併」，但數量不多），僅爲全書三分之一。其次是删句子，將一些在臧氏看來是不必要或不重要的句子删去。

（五）改

指依小學全書的體例調整某些句子。如段氏引書一般按時代先後，偶有不合者，臧氏即調整其次序。

（六）按

這是臧節本的一個重要方面。今臧節本中共有按語二十三則，其中十九則是鏞堂本人的按語，其餘四則爲其從弟禮堂所按。禮堂按語，祇在補正、解説段意，可以不論。鏞堂按語可分三類：

甲、補證段説

「來朝走馬」條（足本卷二十三）段玉裁以爲顧野王玉篇「趣」字下引作「來朝趣馬」，是「據漢人相傳古文」，趣爲疾義。臧氏據詩大雅棫樸「左右趣之」的傳（毛釋趣爲趨）箋（鄭釋趣爲疾），來補證「走馬」本作「趣馬」。

乙、引申段說

「懷柔百神」條（足本卷二十六）陸德明釋文云「柔」本亦作「濡」，段據謝莊詩等資料，認爲六朝時本作「懷濡百神」，爾雅釋詁某氏注引詩作「懷柔百神」是「易其字也」。臧氏引而申之云：「毛詩作『懷濡』，三家詩作『懷柔』，樊光注爾雅引用皆非毛詩。」按臧氏以爲某氏（即樊光）注爾雅所引詩乃本魯詩（見拜經日記），故申段說爲是。

丙、駁斥段說

如「天立厥妃」條（足本卷二十三）段按：「傳：妃，媲也。正義引某氏注爾雅，詩云『天立厥妃』，是矣。但謂毛讀配爲妃，故云媲也，是未知經傳配字皆後人改妃爲配耳。」臧氏云：「毛詩作配，爲假借字，三家詩作妃，爲正字……段氏未詳此爲古文今文之異，故說多誤。」按：配妃上古皆在滂母。配，物；妃，微。爲陰入對轉，且義又相同，故臧說爲是。

二、臧節本刪録失當

臧氏於小學存其一而刪其二，總的來說是保存了小學的精華，但亦偶有失當之處。小學原有許多僅列異文，不作任何解釋的條目，臧氏節録時是逢此必刪，但卷十七「我車既攻」條，段云「石鼓文『我車既工』」，臧節本録之。又卷十五「零雨其濛」條，段本羅列了說文、石鼓文、楚辭七諫、書洪範等異文，臧節本録說文和石鼓文二例，餘刪去，似亂其例。

臧序說：「後段君來，見之，喜曰：精華盡在此矣，當即以此付梓。」自以爲所録皆精華，實亦不然。段氏小學撰成後不數年，定本亦成，小學中一些錯誤和不妥之處，定本已有所改正，臧庸節録又在其後十餘年，而今臧氏所録有爲定本已經改正的條目。如「在彼空谷」的「空」與「穹」的問題（見上引），定本早已改正，臧猶以爲「精華」而録之。又卷四「靈雨既零」條，本屬錯誤（見上引），臧亦録之。臧氏删削本既在「以自省覽」，則一定有隨意性，且爲識力所限，必帶有較强的主觀意識，以此來研究段氏的思想及發展，必然不是純粹的，這也是我們之所以要研究道光本小學的主要原因之一。

三、臧氏節録所據本與道光本的關係

臧氏將段玉裁所授詩經小學三十卷删削之後，是否將原稿璧還，已不可得知。至道光五年抱經堂刊成小學三十卷本後，便産生了臧氏節録所據本與道光本是一還是二，以及即使是二，其關係如何等一系列問題。

統觀全書，下面這些情況值得注意：

（一）卷一「云何吁矣」條下云：「玉裁按，今本卷耳吁，憂也；都人士盱，病也。」臧節本此條下云：「按今作『吁』，誤也。何人斯云『何其盱』；都人士云『何盱矣』。經文無『吁』字。」説文注「盱」下云：「今卷耳作『吁』，誤也。」此條可以推知，道光本的稿本在先，臧删録所據本已經改訂，説文注即據改訂本意見，三者關係甚明。

（二）卷二「召伯所茇」條下，臧節本多「又借作拔字。箋云：茇草舍也。未免牽合其説」十七字。

此條後臧氏有較長的按語，故此十七字必非臧語。

（三）卷七「彼其之子」條，段引「……公羊傳云：夫已多乎道……」。末有「沅按夫已多乎道見穀梁傳已訓止此引作公羊傳蓋誤也」二十三字。臧節本録此條，仍作公羊傳不改，可見臧未見江沅之按，亦未疑此句非公羊傳語。

（四）卷十「我聞有命不敢告人」條下云：「……左傳有言『臣之業在揚水卒章之數言』者，恐漢初傳之者有脱誤。」後有「沅按今左傳實作四言不作數言此不知所據何本」二十字。臧節本録此條作「左氏定十年傳言『臣之業在揚水卒章之四言』者，恐漢初相傳有脱誤」。按此條似可以認爲臧見江沅按而改，然基於「彼其之子」條，只能認爲是段氏自己所改。

（五）卷十「飲酒之飫」條末有雙行小注「詳在説文解字注」七字。按段氏隱括説文解字讀而作注在乾隆五十九年（一七九四），去臧氏删削已三年，故臧節本無此七字。又上面所引「壬子（乾隆五十七年，一七九二）七月閲臧氏琳經義雜記……」云云，亦去臧氏删削有年。

（六）卷六「毳衣爲璊」條下有云「……玉裁按，當云讀若詩曰『毳衣爲璊』」。又按非也，當是毛作……」一條之中，出爾反爾，卷七亦有類似情况。考全書兩按、三按之例甚多，當非定本。

據此推測：道光本是小學較早的未定稿，後經改訂增補鈔清交付臧庸，臧删録後似未將原稿奉還，此後段氏又增補數則於未定稿中。段殁後，江沅見「彼其之子」「我聞有命」兩條下所引有誤，不能獻疑於先生，又不便擅改先生之文，故著按語二則於其下，道光五年，抱經堂便將江沅按語本刊行，即今所見之詩經小學三十卷本。這種推測的正確與否有待於段氏手稿或其他材料的證實。

小學有許多不足之處，上面在討論與段氏自己著作和乾嘉及以後詩經研究著作的關係中已經屢屢提及，爲省篇幅，不復鋪叙。

小學缺點與不足的原因：對詩經文字的形音義和校勘、正誤等各方面作較全面、專門的整理，純屬草創，此其一。小學畢竟是段氏早期的著作，此其二。道光本在某些地方不如臧庸刪録所據本，而且又未經段氏最後訂補審定，此其三。段玉裁晚年精神衰竭，有的著作未屬草，如説文轉注釋例，有的著作未寫完，如儀禮漢讀考，當然没有精力來修訂小學。如果他以定本、説文注中的觀點來全面修訂小學，一定會彌補許多錯誤與不足，使之更爲完善。這似乎是一件不幸的事，但我們正可從這些錯誤與不足中探測到他早期的思想以及這些思想的發展。

要研究乾嘉學派，不能不研究段玉裁；要研究段玉裁，固然應研究説文注，但決不能忽視小學，特别是道光五年三十卷本的詩經小學。

清學集林已刊書目